CUANDO LA ADOLESCENCIA
TOCA A LA PUERTA

CUANDO LA ADOLESCENCIA
TOCA A LA PUERTA

ANDREA ECHEVERRÍA SARA

Número de Control de la Biblioteca del Congreso de EE. UU.:   2017911013
ISBN: Tapa Dura   978-1-5065-2122-0
                Tapa Blanda   978-1-5065-2123-7
                Libro Electrónico   978-1-5065-2124-4

Fecha de revisión: 14/07/2017

Para realizar pedidos de este libro, contacte con:
Palibrio
1663 Liberty Drive
Suite 200
Bloomington, IN 47403
Gratis desde EE. UU. al 877.407.5847
Gratis desde México al 01.800.288.2243
Gratis desde España al 900.866.949
Desde otro país al +1.812.671.9757
Fax: 01.812.355.1576
ventas@palibrio.com
758741

Índice

Dedico este libro a Juan Manuel Sara, Sofía Sara y Julián Mateo Sara por ser mis maestros y entregarme con sus nacimientos el propósito de mi vida.

Andrea Sara

PRÓLOGO

Estamos en tiempos donde los desafíos son constantes. Los cambios evolutivos entre generaciones parecen ser más largos y amplios que el tiempo que demoran en ocurrir, por lo que el reto para los padres de adolescentes es mayor. Este libro es una puerta para ese mundo, a veces incomprensible, de la relación entre padres e hijos. Ya no solo se trata de entender a los adolescentes, sino también a nosotros mismos: los padres y las madres.

La labor de Andrea no solo incluye la investigación sobre este tema, sino la vivencia propia como madre. No hay terreno más enriquecedor que un hogar donde la teoría se va colando entre la realidad para convertirse en sabiduría. Esa sabiduría es la que tenemos en nuestras manos, con la intención de que el cambio ocurra, de que sea más fácil de lo imaginado y de que, una vez por todas, podamos no solo comprender a nuestros hijos adolescentes, sino disfrutarlos.

Julio Bevione
Nueva York, marzo de 2017

juliobevione.com

Creo que hay mujeres que nacen equipadas con una buena dosis de sentido común que ayuda a criar a los hijos; yo no fui una de ellas... Pero, aun para ellas, un hijo en la adolescencia es un reto para el que la mayoría de las veces no se está preparado.

Hace no mucho, me encontraba sin idea de cómo enfrentarme a los desafíos de autoridad que presentaba mi hijo, a las malas decisiones que estaba tomando, al despertar de muchas inquietudes, solo por mencionar algunas situaciones. Tuve la fortuna de conocer este libro y, más aún, de contar con la autora como *coach* durante esta etapa de la vida. Para mí, personalmente, ha sido como si encendieran el bombillo. Entender la diferencia entre lo que estaba haciendo —que eran métodos viejos, que no me estaban funcionando— y la manera de interactuar con las nuevas generaciones, desde el plano de figura de autoridad, dando a mi hijo su espacio y validándolo a cada paso que vamos dando, ha marcado una diferencia enorme en mi relación con él. Hoy gozo de su alegría, amor y confianza, y hasta de su atención. Todo esto ha sido posible gracias a las enseñanzas de Andrea. Soy una madre muy agradecida de aprender de ella.

Iris A. Salinas

INTRODUCCIÓN

Existen muchos libros acerca de este tema, que se puede abordar desde diferentes áreas; sin embargo, lo que es común es que la adolescencia es el momento más crítico en el desarrollo del ser humano: el paso de la niñez a la adultez. Está lleno de desafíos: personales, familiares y sociales. Decidí escribir este libro desde el único lugar en que me siento segura, y es el de mamá. Esta experiencia reveladora de transcurrir la adolescencia de mis hijos me llevó a expandir mis conocimientos, y fue así como me gradué de *Life Coach* (coach de vida) y de hipnoterapeuta. Hoy, gracias a esa experiencia, encontré mi propósito en la vida, que es mostrar un lado de la adolescencia que solo se puede ver desde nuestro autoconocimiento y desde los zapatos de ser padres.

Nuestro paso por la vida está acompañado por desafíos que se van presentando paso a paso, y vamos dándonos cuenta de que lo que somos no siempre coincide con lo que deberíamos ser. En mi caso, pude verlo claramente cuando comenzó la adolescencia de mis hijos.

Las personas estamos sujetas a la influencia familiar, la educación, la cultura, las experiencias que vivimos, los valores, las creencias, etc. Todos estos ingredientes van formando nuestra idea de la realidad; vamos desarrollando nuestra personalidad y con esta manejamos diferentes patrones de conducta, donde queda en evidencia la manera en que gestionamos nuestras emociones.

La infancia del ser humano es una etapa muy delicada, ya que en esta se crean todos los programas mentales. Estos patrones mentales nos acompañarán el resto de nuestra vida; la buena noticia es que podemos modificarlos o cambiarlos cuando ya no nos son tan útiles. Claro: esto yo no lo sabía y fui mamá bajo la absoluta ignorancia de lo que implicaba la verdadera responsabilidad de ser padres.

En mi caso, cuando imaginaba ser madre, lo primero que se me venía a la mente era «no ser igual a mi mamá». Recuerdo decirle a mi madre con bronca en la voz: «Nunca les voy a pegar a mis hijos», cuando ella, para aleccionarme, utilizaba la chancleta en mis nalgas. Años más tarde, me encontré haciendo lo mismo. Repetimos patrones y, con estos, historias, sin quererlo y sin darnos cuenta;

así, en esa ceguera, descargamos en nuestros hijos nuestros propios miedos, frustraciones, sueños, expectativas, etc.

Mientras mis hijos fueron pequeños, no me daba cuenta de lo que les transmitía: creía que ser una mamá presente, una mamá cariñosa, una mamá pendiente era suficiente, y que esas virtudes compensarían las falencias que tenía como madre. No fue sino hasta la adolescencia cuando cayó el velo de mis ojos y, con este, llegó el dolor, la frustración, la incomprensión y la gran pregunta: «¿Qué hice mal?».

Sumergida en mis propias creencias de lo que es ser buena madre y de las expectativas que había creado en cómo deberían ser mis hijos, caí en el abismo más profundo cuando la realidad no coincidía con lo que debería ser. La relación con mis hijos se tornaba cada vez más difícil, y no tardaron en llegar conflictos que involucraban a toda la paz familiar y a la relación matrimonial. La comunicación era cada vez más difícil, y yo sentía que cada vez estaba más lejos de mis hijos.

Fue en ese momento cuando me di cuenta de que no tenía estrategias; no contaba con la información suficiente y no estaba preparada para dicha etapa. La búsqueda fue incesante, cada vez me llevaba a observarme a mí misma. Me di cuenta de lo que nunca antes había visto: todo cambio se genera a partir de uno mismo, y esto sucede cuando desnudamos nuestra persona y reconocemos nuestro ser. Fue así como comprendí la gran responsabilidad que significa ser padres. Significa ser guías amorosos de nuestros hijos, apoyando el desarrollo de sus propios talentos, guiados por su identidad, procurando no contaminarlos con nuestros miedos y frustraciones, sosteniéndolos bajo la fuerza que dan los valores y la certeza de saber que son capaces.

También descubrí que no se puede dar lo que no se tiene: algo tan simple y a la vez tan difícil de entender. Es mi deseo que esta breve información traiga a cada uno de ustedes una nueva posibilidad de comprender, de manera muy simple, lo que sucede en el mundo del adolescente.

CAPÍTULO I

Ser padres

Antes de convertirme en madre, tenía un concepto de ser padre diferente al que tengo hoy. Cuando comencé con la búsqueda de establecer una mejor relación con mis hijos (como ya he mencionado), me di cuenta de que los cambios tenían que comenzar desde mí. La existencia de las creencias se hizo tangible en este proceso personal y, como magia, comenzaron a aparecer millones. En algunos casos, fueron muy motivadoras y me ayudaron en el proceso de la vida; en otros, fueron tan limitantes que me han hecho detenerme y tomar caminos no alineados con mi esencia, mi verdadero ser. Una de estas creencias fue «el prototipo de la madre perfecta».

Cuando somos pequeños, no sabemos cómo son nuestros padres como padres, y aceptamos esa figura como única. Nuestro cerebro va procesando cada experiencia y va formando lo que conocemos como programas mentales. Al crecer recibimos la información de la escuela, y allí también, sin entender demasiado, la aceptamos y la sumamos a la que hemos recibido en nuestro hogar. En ese proceso de recibir e incorporar nacen las creencias.

Para mí, ser madre era estar en el hogar, preparar la comida, limpiar, ocuparse de las necesidades de los hijos, estar involucrada en la escuela de los niños, separar tiempo para jugar con los hijos, etc.

El hombre debía trabajar y sustentar a la familia completa, ser compañero de la mamá y, eventualmente, hacerse tiempo para ir a algún acto del colegio de sus hijos y, por supuesto, hacerse el tiempo para jugar. Así era mi creencia de cómo era ser un buen padre.

En esa idea había mucho de lo que había recibido de mis padres, pero también había mucho más que me había faltado. Nuestra creencia de ser padres puede estar alineada con las necesidades biológicas, psicológicas y espirituales de nuestros hijos; sin embargo, muchas veces no lo está. Es en ese punto donde se generan muchos conflictos en las relaciones familiares.

En este camino me he cruzado con muchos padres que viven situaciones de gran tensión con sus hijos. La variedad de conflictos es muy amplia: desde cambios repentinos en la conducta del adolescente (por ejemplo, malas contestaciones) hasta sucesos delicados como la droga, el sexo, los grupos de amistades, problemas con la ley, etc. Y en todos estos observé una constante: los hijos no respondían como se esperaba frente a la autoridad de los padres. En consecuencia, los padres, insistiendo en su estructura y creencia de ser padres, se sienten frustrados, desesperados y angustiados al ver que tanto la relación filial como sus mismos hijos se les escapan de las manos.

Siguiendo con esta lógica, nosotros, los padres, creemos que, si educamos de esta manera o de esta otra, obtendremos un determinado resultado en los hijos; o bien, si somos estrictos en ciertos aspectos o somos abiertos en otros, garantizaremos que nuestros hijos sean como los imaginamos. Esos fueron precisamente mi experiencia y mis sentimientos.

Mi propia historia, mi cultura, mi formación e intuición hicieron que fuera una mamá con determinadas características que, según creía, me garantizaban que mis hijos serían los niños que cumplirían con mis expectativas, aunque negaba que fuera así. Por ejemplo, si estaba presente en la escuela participando activamente, evitaría que tuvieran algún conflicto en la escuela, ya que el plantel entero me conocía, y a su vez yo conocía a los amigos de mis hijos. ¡Y no resultó!

Yo había creado una receta para hacer torta de vainilla, la cual durante muchos años me había dado el resultado deseado; un día, siguiendo la misma receta, como resultado me dio una pizza. Esta es la analogía más gráfica de lo que sentí cuando comenzaron los primeros desafíos de la adolescencia de mis hijos. Entendí que no existe ninguna receta perfecta para ser padres, ni ninguna receta para obtener los hijos deseados en nuestras expectativas.

¿Entonces?

Existe una leyenda zen, «La taza de té», que cuenta la historia de Nan In, uno de los maestros zen más reconocidos en Japón. Un profesor universitario llegó hasta él para preguntarle sobre el zen. Nan In le ofreció una taza de té, y el profesor aceptó. El maestro comenzó a llenar la taza de su comensal; continuó virtiendo el té, aun cuando la taza estaba llena. Entonces comenzó a desbordarse. El profesor le advirtió: «Maestro, el té está cayendo fuera de la taza; no entra más té». Nan In le respondió: «Al igual que la taza, tú estás lleno de opiniones, especulaciones, juicios, creencias, expectativas. ¿Cómo puedo mostrarte lo que es el zen si no vacías primero tu taza?».

Entonces comprendí que ser padres es vaciar lo que hemos aprendido y comenzar a incorporar nuevos puntos de vista, nuevos conocimientos que nos permitan tener más apertura, más flexibilidad, más estrategias para gestionar situaciones o conflictos diarios con nuestros hijos.

Es necesario asumir que los tiempos evolucionan: los valores van cambiando; la información que se maneja hoy en día es más compleja (existen formatos diferentes de comunicación); la brecha generacional cada vez es más amplia (es nuestra responsabilidad utilizar todos los recursos que tenemos para no acortarla). En especial, nuestra cultura occidental está muy contaminada con información: ofrece demasiadas opciones, demasiado contenido, y ni nosotros como adultos —y mucho menos nuestros adolescentes— pueden procesar todo lo que está al alcance de la mano.

Ser padres es un gran desafío a nuestro ego, ya que solemos depositar en nuestros hijos todo aquello que no pudimos ser, hacer o tener. Solemos, de manera inconsciente, poner en nuestros hijos el peso de mostrar al mundo qué tipo de padres o personas somos, a través de ellos. Muchas veces ponemos en tela de juicio la espontaneidad de nuestros hijos, porque sentimos la mirada sentenciosa de la sociedad y creemos nuevamente que nuestro desempeño como padres depende del comportamiento o personalidad de ellos.

Ese peso lo hemos sufrido nosotros como hijos, sin embargo, no significa que deba ser así. Cuántos casos hay de familias perfectamente funcionales, donde los hijos tienen graves conflictos con la ley, la droga o el sexo. De cuántos casos de familias destruidas salen hijos ejemplares. Si bien está claro que una familia constituida basada en el amor y el respeto proporciona un ambiente propicio para que el ser humano se desarrolle de manera saludable en mente y cuerpo, también es cierto que el éxito de nuestros hijos dependerá en gran medida del amor y aceptación que se tengan a ellos mismos (o sea, autoestima), y eso depende de cuánto amor y aceptación nos tengamos a nosotros mismos. Porque no se puede dar lo que no se tiene. La aceptación es la clave. La aceptación es verdadero amor.

La disciplina es fundamental en la vida de los niños y de los jóvenes, ya que será una de las herramientas que más utilizarán a lo largo de la vida, y repito: antes de disciplinar debo saber que soy disciplinado.

En el Capítulo II comento que no solo nos comunicamos con las palabras: comunicamos con nuestros gestos, nuestra postura y nuestros ejemplos. Decidí «vaciarme» y comencé a buscar diferentes alternativas: una fue saber qué era la adolescencia y qué sucedía en esta etapa.

Con una mano en el corazón

¿Cuál o cuáles son tus creencias acerca de ser un buen padre?
Anótalo

¿Has puesto en tu hijo el peso de tus propias expectativas?
Anota cuáles son esas expectativas.

¿Te has sentido cuestionado en tu desempeño como padre a través del comportamiento de tu hijo?

¿Por qué?

¿En qué situación?

¿Qué has sentido?

¿Aceptas a tu hijo como realmente es?

¿Cómo lo sabes?

¿Cuánta verdad hay para ti en la frase «Yo soy feliz si mi hijo es feliz»?

¿Realmente serías feliz si la felicidad de tu hijo no es lo que tú habías deseado para él?

¿O serías feliz si la felicidad de tu hijo no concuerda con los parámetros de tus valores, creencias y programas mentales?

Anota lo que sientes y no lo juzgues.

Anota las respuestas:

_____

_____

_____

_____

_____

_____

_____

_____

_____

_____

_____

_____

_____

_____

_____

_____

_____

_____

_____

_____

_____

_____

_____

_____

CAPÍTULO II

Entendiendo procesos: La adolescencia

Un día, cuando tenía alrededor de quince años, estaba mirando la televisión y vi a una psicóloga que hablaba sobre la adolescencia. Me acuerdo de que decidí prestarle atención ya que me daba curiosidad saber qué podía decir. Ella hablaba de la definición y sostenía que la palabra adolescencia venía de la raíz latina adolescere, que significa «crecer» (lo cual es cierto), y le agregó: «con dolor». Me repetí en mi mente: «crecer con dolor» y, como magia, encajó exactamente con lo que yo sentía. Nunca había relacionado mi crecimiento con dolor a la etapa que estaba viviendo, sino a los acontecimientos personales de mi vida. Esta «verdad» que creía sobre mis angustias, inseguridades, tristezas, miedos y hasta la desesperanza fue la que, con los años, me llevó a juzgar a mis hijos de mal criados y rebeldes sin causa en la etapa de la adolescencia, porque seguía sosteniendo que mi vida había sido muy dura y que todas esas emociones eran consecuencia de lo acontecido. Como mis hijos, a mi parecer, habían tenido una vida llena de afecto, alegría y unión familiar, no podía entender por qué ellos se comportaban de la manera en que lo hacían, ya que para mí no tenían motivo.

A medida que caminaba sobre los caminos del entendimiento, más me entristecía ver cómo, sin herramientas eficaces y cierta inconsciencia, transcurría la adolescencia de mis hijos.

Está claro que, como padres, siempre queremos lo mejor para nuestros hijos; sin embargo, «lo mejor» que creemos nosotros que es para ellos a veces no lo es. Por esa razón es que me dediqué a investigar qué es en realidad la adolescencia, y comparar lo que yo, como persona, entendía de ella.

Lo primero que decidí fue buscar qué significaba la palabra *adolescencia* y, luego, cuáles eran los procesos y los cambios que se generan en la misma.

Me llegó al alma cómo la definió un psiquiatra argentino, Juan David Nasio: «la adolescencia es no solo una neurosis histérica ruidosa, sino un proceso silencioso, doloroso, lento y subterráneo de desprendimiento del mundo infantil. De la misma manera que, sin percatarnos, perdemos a cada segundo una célula de nuestro cuerpo, el adolescente está perdiendo a cada segundo una célula de su infancia».

Según el Diccionario de la Real Academia Española, *adolescencia* (del latín *adolescentia*) es la edad que le sigue a la niñez y que transcurre desde la pubertad hasta el completo desarrollo del organismo. A las personas que están transcurriendo ese período se las denominan «adolescentes».

La Organización Mundial de la Salud determinó que este período de la vida, que transcurre entre la infancia y la edad adulta, comienza a los diez años y culmina a los veintitrés.

Es en esta etapa donde el ser humano experimenta los cambios más profundos y significativos de su vida, a nivel físico-sexual, psicológico y social.

Si, por un segundo, prestamos atención a estas simples definiciones, podemos observar que la adolescencia es el momento de la vida más crítico que tiene el ser humano, donde somos nosotros, los padres, quienes estamos acompañando a nuestros hijos a transitarlo. Lamentablemente, no siempre tenemos claro y presente qué es exactamente la adolescencia, y en general atribuimos la conducta de nuestros hijos a simples rebeldías de la edad, sin saber que detrás de cada acto desafiante hay un bagaje de cambios que los afectan.

Como he mencionado, estos cambios son:

Físico-sexuales: Se originan como consecuencia del aumento del flujo hormonal proveniente de la glándula hipófisis o pituitaria.

Existen un centenar de hormonas que se activan, pero las más importantes son la hormona folículo estimulante o FSH (por sus siglas en ingles) y la hormona luteinizante o LH (por sus siglas en inglés). Ambas hormonas provocan, por ejemplo en las niñas, la activación de los ovarios para que comiencen a generar estrógenos y progesterona; en los varones estimulan el desarrollo de los espermatozoides gracias a la acción de la testosterona.

Los cambios que se van gestando ocurren de manera gradual, aunque cabe destacar que cada individuo es diferente y puede verse que estos cambios muchas veces son de forma abrupta.

Los cambios que ocurren en los niños son:

- Agrandamiento de los testículos
- Agrandamiento del pene (este crecimiento comienza un año después del crecimiento testicular)
- Aparición del vello púbico
- Aparición del vello axilar y facial
- Cambio de la voz
- Aparición de acné
- Eyaculaciones nocturnas
  Al igual que en los varones, las niñas también experimentan estos cambios gradualmente, aunque en ellas comienzan antes que en los niños de la misma edad.
  Estos cambios son:
- Desarrollo de los senos. La característica más notoria es cuando el seno y el pezón se elevan y la aureola aumenta de tamaño
- Aparición de vello púbico (este aparece poco tiempo después que el desarrollo de los senos)
- Aparición del vello axilar y aumento del vello en las extremidades
- Comienzo de la menstruación
  Además de estos procesos, observamos también un aumento en la talla

de los niños. Este crecimiento exagerado no se produce de forma proporcionada, todo lo contrario: primero crecen las extremidades inferiores y después el tronco, los brazos y la cabeza. Es importante destacar que esta desproporción causa en los adolescentes perturbaciones a nivel psicológico (se ve afectada su autoestima) e incluso motriz (movimientos torpes). Aumenta también el peso corporal, por el desarrollo de la masa muscular y ósea, se redistribuye la grasa corporal, formando así la figura corpórea adulta, y crecen los órganos internos, como el cerebro, el hígado, los riñones, el corazón, etc.

La sensación con mis tres hijos fue la misma…. Sentí que un día se acostaban siendo niños y amanecían casi adultos.

Psicológicos: Corresponden al desarrollo cognitivo y la personalidad. El desarrollo cognitivo se refiere a la capacidad de pensar y razonar de una persona.

Según Piaget, los adolescentes logran el nivel más alto del desarrollo cognitivo cuando adquieren la capacidad para pensar en forma abstracta, esto significa que el adolescente comienza a manejar y procesar la información de manera más amplia; ya no se limitan a aceptar la verdad, sino que la cuestionan, imaginan múltiples posibilidades de la realidad, generan hipótesis, analizan doctrinas filosóficas, políticas o hasta formulan nuevas teorías. En la niñez, nuestros hijos podían odiar o amar cosas o personas concretas, en la adolescencia pueden odiar o amar cosas abstractas como la libertad, la discriminación, la belleza, etc.

El psicólogo infantil David Elkind identificó comportamientos y actitudes de egocentrismo en esta etapa.

A continuación describiré brevemente solo algunos comportamientos característicos en la adolescencia:

- **Egocentrismo:** El egocentrismo es la conciencia exagerada de sí mismos que tienen los adolescentes. Esto se refleja en el convencimiento absoluto de que ellos generan en las demás personas un interés igual al que se tienen a sí mismos y en la creencia de que son individuos únicos e invulnerables. Como he mencionado anteriormente, David Elkind describió en 1967 que el egocentrismo en la adolescencia hace que los adolescentes se consideren especiales y mucho más importantes en el plano social de lo que realmente son en realidad. A partir de esta toma de conciencia exagerada del yo que tienen los adolescentes, aparecen como consecuencia sensaciones como:
- **Audiencia imaginaria:** El adolescente tiene la fantasía de que es observado permanentemente. Aparece el miedo al ridículo. Este sentimiento es bien característico, vemos en ellos una exagerada preocupación por lucir bien o por cuidar su imagen en sociedad.
Recuerdo a uno de mis hijos que no dejaba que hablara en inglés porque mi pronunciación no era muy buena

y eso era suficiente para atormentarlo ya que sentía vergüenza de mi acento. También sucedió que ninguno de mis hijos dejaba que los despidiera con un beso y un abrazo cuando los dejaba en la escuela por las mañanas.

- **Fábula personal:** El adolescente tiene la fuerte creencia de que goza de inmunidad e invulnerabilidad en todo sentido. Ellos sienten que jamás les sucederá nada malo o de riesgo en su vida, que las desgracias o las graves consecuencias solo le pasan a los demás. También sienten que sus sentimientos son únicos, que nadie siente como ellos; eso hace que se sientan incomprendidos por su entorno. En la mente de una adolescente mujer, por ejemplo, la fábula personal hace que piense que ella nunca podrá quedar embarazada, o un varón puede pensar que no le sucederá nada en una carrera de motos con sus amigos. Podemos entender con esto que gran parte del comportamiento del adolescente está sujeto a los grandes cambios que se están generando en su cuerpo.

- **Iniciación formal del pensamiento:** Como hemos visto, en esta etapa comienza a desarrollarse el pensamiento abstracto, es decir, crean teorías, disponen de argumentos y análisis que justifican sus opiniones o acciones; sin embargo, algunas veces estos argumentos o justificaciones son contradictorios, y a los adolescentes no les importa demasiado. En su mundo, lo maravilloso radica en haber descubierto su capacidad de razonar, y la ejercitan siempre que puedan.

  Me da risa y ternura, aunque reconozco que en el momento del conflicto me sentía muy frustrada, recordar cómo mis tres hijos justificaban todo. Para todo tenían un argumento; para todo, una respuesta y, por lo general, muy diferente a la mía... Como diríamos en mi país: «si no la gana, la empata».

- **Ampliación del mundo:** La perspectiva del mundo cambia a partir de la conciencia de sí mismo. El adolescente comienza a descubrir intereses propios más allá de su casa y familia. Esto le genera una necesidad de explorar y experimentar este nuevo mundo que trasciende a su entorno.

- **Apoyo en el grupo**: La inseguridad es un sentimiento muy fuerte y común en esta etapa. Esto hace que los adolescentes se sientan confundidos. La manera en que ellos buscan y refuerzan la confianza es identificándose con sus iguales. El apoyo que logran en el «grupo» es muy importante para seguir creciendo, pues la unión radica en compartir valores, experiencias, sentimientos y actividades.

Es muy importante de qué manera guiamos a nuestros hijos en la búsqueda de dichos grupos de identificación. Es necesario reforzar los valores y brindarles enseñanzas con nuestro propio ejemplo y no tanto con nuestras palabras. Esta etapa, como hemos estado viendo, está llena de desafíos y argumentaciones, por lo tanto, llena de conflictos y frustraciones por ambas partes. Este es el momento de expandir nuestra creatividad a la hora de transmitirles nuestros mensajes. A esto lo llamo «inteligencia emocional de los padres», un tema que desarrollaré en el próximo capítulo.

- **Proceso de individualización:** Este proceso se caracteriza por la separación del vínculo simbiótico con los padres de la infancia. Esto les permite generar vínculos nuevos y relaciones con autonomía plena. Para nosotros, los padres, es muy doloroso este proceso, ya que los adolescentes comienzan a no querer estar o relacionarse con nosotros como lo hacían antes. Yo recuerdo el impacto que causó en mí este sentimiento con mi primer hijo. No sabía que esto podía pasar, que el rechazo que yo sentía era parte de un proceso. Aunque creo fuertemente que cada experiencia en la vida es un escalón más hacia la sabiduría, no puedo evitar pensar cuánto dolor me hubiera ahorrado si, en ese momento, hubiera sabido que ese rechazo formaba parte de un proceso «natural y sabio» que transcurrimos todos los seres humanos en el camino de la vida.

- **Elaboración de duelos**: Esta etapa llena de cambios implica, en el adolescente, grandes pérdidas como, por ejemplo, su condición infantil, su cuerpo, su papel como niño, la protección. Estos duelos están relacionados con la adquisición de la nueva identidad, la aceptación de responsabilidades y la renuncia de la dependencia.

Sociales: En el área social, también los cambios se hacen notar. Estos están íntimamente relacionados con los procesos físicos-hormonales y psicológicos. Como hemos visto, la conciencia de sí mismos y la aparición del pensamiento abstracto hacen que la visión del mundo cambie radicalmente, y esto afecta ampliamente las relaciones familiares. Generalmente, es en la etapa de la adolescencia donde aparecen los desafíos a las autoridades y jerarquías; los padres, los profesores y los adultos en general sufren las consecuencias de este proceso.

A continuación describiré brevemente algunos aspectos que afectan el entorno donde se desarrolla el adolescente:

- **Aislamiento:** Realmente esta etapa de la vida del ser humano es crítica y caótica. Solo he mencionado algunas de las razones, por lo tanto, estamos ya en condiciones de percatarnos de que los cambios físicos, la conciencia de sí mismos, la valoración del mundo, el concepto del futuro y la ruptura de la relación simbiótica con los padres, inconscientemente, traen muchísima frustración y sentimientos que hasta el momento desconocían y que recién están experimentando. Muchas veces (la mayoría de las veces, me atrevería a decir), los adolescentes no manejan un vocabulario rico, e incluso su cerebro está en proceso de maduración. Esto hace que no encuentren palabras para describir lo que están sintiendo; por eso esta etapa se caracteriza por acción pura, es decir, ellos comunican lo que sienten a través de la acción, y el aislamiento es una manera de comunicarnos lo que están sintiendo. Generalmente, al aislarse dejan de participar en actividades y planes familiares. Prefieren recluirse en sus habitaciones o en aquellos espacios de la casa en el cual se sienten a gusto. Es muy importante que los adolescentes tengan un lugar en la casa donde puedan encontrarse consigo mismos.

- **Temperamento:** En general es explosivo, con características amor–odio y malhumorados. Se acentúa la desobediencia y la incomprensión. Es muy importante resaltar que la actividad hormonal, como señalé anteriormente, es muy activa e influye directamente en las emociones de los adolescentes. En el varón, la testosterona y la vasopresina activan respuestas ancestrales de lucha territorial y huida. Cuando un adolescente se siente invadido, sus hormonas provocaran en él las conductas combativas para defender su espacio-territorio. En la mujer, el estrógeno y la oxitocina están involucrados en los comportamientos melancólicos, el desánimo, la tristeza. También juegan un papel importante en las relaciones y las interacciones emocionales. Los seres humanos respondemos a una estructura emocional muy compleja (esto lo describiré más adelante en el capítulo de inteligencia emocional). Además de los conflictos internos que conllevan estos procesos, también respondemos emocionalmente a información ancestral y a factores hereditarios.

- **Comunicación:** Esta área se ve sumamente afectada y va tomando características diferentes. Es decir, como padres, es necesario reinventar nuestra comunicación con el adolescente. Es nuestra responsabilidad. Como he mencionado, no tienen la capacidad de saber exactamente qué les está pasando. En mis charlas, hablo de lo importante que es ser directos y simples con el mensaje que se le quiera dar al adolescente. Esto tiene una razón: una de las tantas consecuencias de todos los procesos que experimentan es la poca concentración. La capacidad de recepción es reducida, por lo cual tenemos que optimizar el tiempo de comunicación, además de saber esperar al momento oportuno, es decir, comunicarnos cuando los adolescentes estén dispuestos y abiertos a dialogar. Quizás te estés preguntando por qué dialogar «cuando ellos estén dispuestos». Porque siempre debemos tener como prioridad que el mensaje que le queramos dar llegue y se quede como una semilla en terreno fértil. Esa semilla germinará en suelo apto y dará sus frutos; así es nuestro mensaje, como la semilla germinará y dará los frutos en nuestros hijos.

Con una mano en el corazón

A partir de la información que has leído, quisiera preguntarte si sabías en qué consiste el proceso de la adolescencia.

Me gustaría que observes a tu hijo adolescente o aquellos adolescentes qué estén en tu entorno e identifiques los cambios físico-sexuales característicos de esta etapa.

Anótalos.

Ahora, observa los cambios psicológicos e identifica los comportamientos que caracterizan a esta área.

Anótalos.

Por último, observa los cambios en el ámbito social.

Anótalos.

Ahora que ya has observado, identificado y apuntado cada uno de los cambios que se han generado en el adolescente, responde las siguientes preguntas:

1. ¿Qué piensas de tu hijo?

2. ¿Crees que, al informarte acerca de estos procesos, te ayuda a entender los comportamientos de tu hijo?

3. ¿Sientes que entender este proceso te ayudará a guiar a tu hijo a transitar este proceso de manera beneficiosa y saludable para él y su entorno?

4. Comprender estos procesos, ¿hizo que tus miedos y ansiedad bajaran de intensidad?

5. ¿Cómo cambió ahora tu enfoque hacia tu hijo?

Anota las respuestas:

_____

_____

_____

_____

_____

_____

_____

_____

_____

_____

_____

_____

_____

_____

_____

_____

_____

_____

_____

_____

_____

_____

_____

CAPÍTULO III

La comunicación

En el capitulo anterior, he mencionado que la comunicación es una de las áreas que queda afectada en el proceso de la adolescencia. Sin embargo, me gustaría formular una pregunta básica: ¿Qué se entiende por comunicación?

La comunicación es la acción de comunicar y, según el diccionario de la Real Academia Española, comunicar es:

1. Hacer a una persona partícipe de lo que se tiene.
2. Descubrir, manifestar o hacer saber a alguien algo.

Esta palabra tiene más acepciones, pero he elegido estas para referirme a la comunicación en relación con los adolescentes.

Durante muchos años, pensé que hablar con mis hijos era mantener una comunicación, o lo que es peor, creía que la obediencia estaba ligada a la comunicación; esta fue otra de las tantas creencias que he tenido, que se fue disolviendo a medida que buscaba herramientas para acercarme a mis hijos.

La comunicación, bajo mi propia experiencia, es algo que no sabemos hacer… y triste es que, al no saberlo, lo enseñamos incorrectamente a nuestros hijos, y esto se va transfiriendo de generación en generación.

Los seres humanos poseemos dos tipos de lenguajes para comunicarnos:

1. **Lenguaje digital**: Transmite los aspectos del contenido propiamente dicho, contando con una sintaxis lógica sumamente compleja. Tal comunicación es artificial y arbitraria (hemos decidido llamar a una silla «silla» cuando podríamos nombrarla como «lasil»), desde la numeración y la escritura hasta los lenguajes de programación de la inteligencia artificial. Dicha comunicación digital suele ser efectuada por el lenguaje natural de cualquier idioma.

2. **Lenguaje analógico**: Está constituido por los gestos, las posturas, expresiones faciales, inflexiones de voz, secuencia, ritmo, cadencia de las palabras y, en definitiva, cualquier otra manifestación no verbal que sea emitida en un contexto interactivo.

Si reflexionamos acerca del lenguaje analógico, descubriremos que los adolescentes lo utilizan muchísimo: ellos manifiestan sus sentimientos o su estado de ánimo a través de la mirada, la postura corporal, la indumentaria que utilizan y las enfermedades, entre otras cosas.

En uno de mis seminarios en línea, hablé de cómo las enfermedades son manifestaciones de nuestras emociones que no pueden ser elaboradas o dichas en palabras. De hecho, hay un libro que les recomiendo que se llama *¿Enfermo yo... pero por qué?* Sus autores son Christian y Claire Fleche. Ellos sostienen que nuestro lenguaje (lenguaje digital) no es lo suficientemente rico para expresar todas las emociones que sentimos y, mucho menos, en los adolescentes quienes, además de no tener un vocabulario extenso, todo su sistema cognitivo está en pleno proceso de desarrollo, por lo que les resulta muy difícil entender y traducir lo que les pasa.

Como sabemos, la adolescencia culmina aproximadamente a los veintitrés años; eso significa que nosotros la pasamos hace rato y se supone que nuestro cerebro está maduro, pero ¿cuántos de nosotros no sabemos poner en palabras lo que sentimos? ¿Y cuántos de nosotros nos enfermamos sin saber qué hay detrás del síntoma?

Me he encontrado en la situación de querer hacer que mi hijo se bañara. ¡Sí! Muchos adolescentes no quieren bañarse y me ha llevado tiempo aceptar ese comportamiento de mi hijo (no sucede en todos los casos). Tal situación llevó a una discusión… y en una discusión siempre se disputa quién gana o quién tiene la razón. Cada vez aumentaba el tono y se tornó en un pimpón de mensajes muy dañinos entre mi hijo y yo, como:

—¿No ves?, eres un roñoso… me da vergüenza que seas así.

—Y tú eres una loca, porque te la pasas gritando. Y a mí me da vergüenza también que no puedas entender que ahora no quiero bañarme.

¿Les parece familiar? Vamos a analizar estos mensajes y veremos cuán negativos son. Para ello, les voy a explicar una teoría que, en lo personal, me ha impactado porque a través de esta comprendí cómo llegaban y cómo impactaban los mensajes.

Niveles neurológicos del pensamiento:

Robert Dilts fue uno de los mayores creadores de modelos dentro de la programación neurolingüística. Dilts desarrolló un trabajo sobre los niveles neurológicos de la comunicación humana propuestos por el antropólogo Gregory Bateson. Estos niveles tienen una jerarquía en los procesos de aprendizaje, cambio y comunicación. Suelen representarse en forma piramidal y guardan una relación jerárquica entre sí, de manera que cada nivel contiene e influye a los niveles inmediatos inferiores.

Nivel 1: Exterior

Responde a las preguntas: Dónde, cuándo, con quién
Es el contexto externo donde nos encontramos en el ahora. Es donde ejecutamos nuestro comportamiento.

Nivel 2: Comportamiento

Responde a la pregunta: Qué

Es la conducta que tengo en el entorno: ¿Qué comportamiento tengo en la clase? ¿Qué comportamiento tengo con mis padres?

Nivel 3: Capacidades

Responde a la pregunta: Cómo
Este nivel corresponde a las estrategias, habilidades, conocimiento que tengo para ejecutar: ¿Cómo puedo hacerlo? ¿Cómo hago o dejo de hacer esto?

Nivel 4: Creencias y valores

Responde a la pregunta: Por qué
Este nivel es uno de los más complejos. En él se encuentra la base de por qué hago lo que hago; es el nivel de la motivación. Este nivel se encuentra por debajo de la identidad y por encima de las capacidades; esto significa que los valores y las creencias son la base que sostiene a nuestra identidad y, a su vez, abre las puertas a las capacidades, es decir, poder o no poder.
Henry Ford decía: «Tanto si piensas que puedes, como si piensas que no puedes, estás en lo cierto»

Nivel 5: Identidad

Responde a la pregunta: Quién soy yo
Este nivel corresponde a la autodefinición.
Aquí es donde reside nuestra misión.

Nivel 6: Espiritual o sistema global

Responde a la pregunta: Para qué, quién más
Este sistema es trascendental y está
relacionado con el propósito.

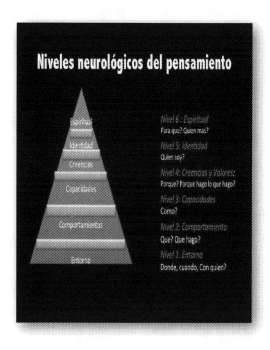

Por la *coach* Andrea Sara

En el triángulo de los niveles neurológicos vemos cómo afecta nuestro mensaje según cómo lo decimos.

Por ejemplo:

La maestra de tercer grado de mi hijo mayor tenía una pecera en la clase con un pececito. Dos días antes de que se terminara el curso escolar, frustrada, e imagino muy cansada, le manda a mi hijo Juan a lavar las piedritas de la pecera que previamente él había sacado y puesto en una bolsa de nylon. Cuando mi hijo fue a levantar la bolsa con las piedritas, esta se desfondó, y la maestra le gritó: «¡<u>Juan, eres un inútil</u>, <u>nada lo haces bien</u>, por eso

IDENTIDAD   CAPACIDADES

<u>nunca te di ninguna responsabilidad</u> con la mascota de la clase!»

CAPACIDAD

Este ejemplo, lamentablemente, es real, y fue muy difícil borrar esa huella en mi hijo mayor.

Ahora sí estamos en condiciones de analizar el episodio que he tenido con uno de mis hijos que no quería bañarse:

Andrea.—¿No ves?, eres un roñoso… me da vergüenza que seas así.
Identidad   Identidad

Hijo adolescente.—Y tú eres una loca, porque te la pasas gritando. Y a mí me da
                          Identidad
vergüenza también que no puedas entender que ahora no quiero bañarme.
                          Capacidades

Veamos cómo funciona:

Como he mencionado, la función de cada nivel neurológico del pensamiento es la organización de la información contenida en el nivel inmediato inferior. Cuando decimos, por ejemplo, **eres** un tonto, **eres** un inútil o **eres** gorda, nuestro mensaje va directamente a la identidad de la persona. Este nivel es uno de los más altos pues, lo que suceda ahí, afectará en forma de cadena descendente los niveles siguientes inferiores. Tomaré el ejemplo de **eres** gorda o **eres** gordo. Si el niño recibe permanentemente este mensaje, terminará **creyendo** (nivel inferior creencias) que lo **es** (nivel identidad); como **lo cree,** pues generará **habilidades** (nivel inferior capacidades) que lo llevarán a alinearse con lo que **cree,** en consecuencia, su **conducta** (nivel inferior comportamiento) estará alineada con sus habilidades, por ejemplo creará estrategias para sacar comida del refrigerador sin que su mamá lo note y, por último, lo manifestará en su **medioambiente** (nivel inferior entorno).

Otro ejemplo muy común es cuando, ante una situación, donde como papás perdemos el control y aleccionamos a nuestros hijos pegándoles, este mensaje (me porto mal-me pegan) llega al nivel del comportamiento, y la consecuencia se refleja en el entorno: ante el castigo físico, el niño detiene su conducta inadecuada, sin embargo, los niveles superiores quedan sin efecto y lo más probable es que ese comportamiento se volverá a repetir, ya que los cambios definitivos se originan de arriba hacia abajo. La actitud adecuada sería decirle: «Tu comportamiento no es el apropiado; sé que **eres** un niño inteligente, y juntos trabajaremos para que no vuelva a suceder». Esto aclara que es el comportamiento el inadecuado y no el niño. Lleva el mensaje a su nivel de identidad, reforzando su creencia y sus capacidades para resolver y cambiar la conducta no deseada.

Al tomar consciencia de cómo llega la información al cerebro y cómo son jerarquizados, comprendemos que el poder de las palabras es enorme, y que la tarea comienza en los primeros años de vida para que, cuando los niños lleguen a la adolescencia, tengan una base sólida en su autoestima, en su plataforma de valores y creencias, y que nuestra relación con ellos sea más saludable.

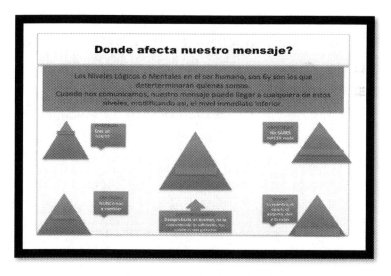

Por la *coach* Andrea Sara

Conclusión:

Aunque en nuestra niñez muchos de nuestros padres no tenían la real dimensión del daño que hacen las palabras en la formación de los niños, esto no nos da derecho a continuar bajo esa línea. Hoy nosotros sí lo sabemos y hemos sufrido grandes vacíos emocionales, que cada uno de nosotros ha llevado a lo largo de la vida y que se traducen actualmente en inseguridades, enfermedades, frustraciones e infelicidad entre otras cosas.

Si te ha parecido complejo el tema, solo me resta que utilices el verbo ser de forma positiva: «eres dulce, eres capaz, eres ingenioso, eres brillante, eres audaz, etc.».

Refuerza sus capacidades: «tú puedes, tú lo lograrás, tú estás preparado, ya lo has logrado antes, etc.». Acompáñalo a que crea en él y que sus valores refuercen esas creencias.

Si lo castigas, que sea por consecuencia de su comportamiento y no porque **es**… (ej. tonto).

Los tiempos cambiaron, los desafíos son complejos, debemos estar a la altura de las demandas que generan hoy educar y criar a las nuevas generaciones.

Tendemos a aferrarnos a lo que vivimos, a lo que nos dieron, a cómo nos educaron, pero si por un segundo pensamos, los padres de hoy fuimos niños muy diferentes a nuestros hijos.

Con una mano en el corazón

Para realizar este ejercicio, es necesario que lo leas antes y memorices los pasos.

Paso I

Encuentra un sitio cómodo para relajarte unos momentos…

Paso II

Cierra tus ojos y comienza a relajar lentamente todos los músculos del cuerpo, comenzando por la cabeza y terminando en los pies.

A medida que te relajas, ve bajando la respiración, haciéndola lenta y consistente. Poco a poco irás por un camino que te llevará a una gran puerta. Detrás de esa puerta está tu infancia y adolescencia…. Ábrela y entra. Estás en la sala, o tal vez en la cocina de tu casa o en la escuela, reconoces las voces… Ahora escucha algunos mensajes que tus padres o abuelos o amigos o maestros te dicen y que van directamente a tu identidad. Siente cada mensaje y ubica en tu cuerpo donde se manifiesta la emoción… Tal vez en el pecho o en la garganta o en el estómago. Ahora escucha aquellos mensajes que van

directamente a tus creencias y capacidades...
Siéntelos y ubica tus emociones... Mantén
presentes estos mensajes, tanto los negativos
como los positivos, es decir, aquellos que te
hicieron sentir bien y los que no lo hicieron.

Ahora da las gracias a esas etapas de tu vida,
con total amor... cierra la puerta y regresa
nuevamente por el camino.

Lentamente irás tomando consciencia de
todo tu cuerpo, de la posición de tus piernas,
de tus brazos y, antes de abrir los ojos, te
sentirás en perfecto estado de paz.

Paso III

Ahora que tienes la información en tu
mente consciente, anota en la hoja todas las
frases que impactaron a tu persona tanto
positivamente como de forma negativa.

Mensajes positivos	Mensajes negativos

¿Cómo es tu comunicación contigo?

¿Cómo son los mensajes que te das a ti mismo?

¿Crees que la comunicación entre tú y tus hijos es buena?

Si crees que tu comunicación no está siendo efectiva, ¿qué cambios crees que puedes hacer en ti mismo?

Según la pirámide de jerarquía neurológica del pensamiento humano, ¿qué nivel has atacado mayoritariamente de forma negativa en tus hijos?

Anota algunos mensajes.

Escribe una lista de «frases que has utilizado de forma negativa» en tus hijos y luego reemplázala por una positiva.

Frase negativa	Frase positiva
Ej. Eres un desconsiderado….	Eres un ser muy atento y colaborador, ¿qué pasa que noto tu desmotivación?

¿Crees que al tener esta información en tus manos te sea útil para cambiar la dinámica de la comunicación con tus hijos? (Si la que utilizas no te funciona)

El autoconocimiento, ¿te ayudó a reconocer en tus hijos tu propio espejo?

¿Te sientes el espejo de tus padres?

Diariamente, repite siete veces como un mantra:

Soy un ser completo y perfecto.
Creo en mi perfección, porque soy parte de la divinidad creadora.
Soy un ser capaz.
Mi comportamiento está alineado con mi identidad.
En mi entorno soy feliz y expando amor.

Anota las respuestas:

_____

_____

_____

_____

_____

_____

_____

_____

_____

_____

_____

_____

_____

_____

_____

_____

_____

_____

_____

_____

_____

_____

_____

_____

CAPÍTULO IV

Inteligencia emocional

En los últimos tiempos, esta expresión ha sido muy difundida, sin embargo, cuando les pregunto a las personas qué es la inteligencia emocional, no están muy seguras de saber con exactitud qué es.

Me gustaría comenzar por el principio, definiendo qué es la inteligencia.

El diccionario de la Real Academia Española define la *inteligencia*, como la «capacidad para entender o comprender» y como la «capacidad para resolver problemas» (existen más acepciones). Sin embargo, los especialistas no consideran que exista una definición universalmente aceptada de qué es inteligencia. Por ejemplo, Vermon en 1960 sugirió una clasificación de las principales definiciones, sobre la base de tres grandes grupos:

- Definición psicológica: La inteligencia es la capacidad cognitiva de aprendizaje y relación.
- Definición biológica: La inteligencia es la capacidad de adaptación al entorno.

- Definición operativa: La inteligencia es aquella capacidad que puede medirse en los test de inteligencia.

Resumiendo, podemos afirmar que la inteligencia es la capacidad de razonar, planificar, resolver problemas, pensar de manera abstracta, comprender lenguajes, asimilar ideas y aprender.

Herbert Hollingsworth Woodrow define la inteligencia como «la capacidad de adquirir capacidad».

El psicólogo estadounidense Howard Gardner creó la teoría de las inteligencias múltiples, demostrando que existe más de una inteligencia. Gardner y sus colaboradores del equipo de investigación de la Universidad de Harvard concluyeron que la inteligencia académica (la obtención de títulos y méritos académicos) no es un factor determinante para conocer la inteligencia de una persona, es decir que, a pesar de tener excelentes calificaciones académicas, hay algunas personas que presentan problemas a la hora de manejar otras áreas de sus vidas.

Gardner, en su libro *Estructura de la mente: La teoría de las inteligencias múltiples*, clasifica 8 tipos de inteligencias:

1. Inteligencia lingüística
2. Inteligencia lógico–matemática
3. Inteligencia visual–espacial
4. Inteligencia musical
5. Inteligencia interpersonal
6. Inteligencia intrapersonal
7. Inteligencia naturalista
8. Inteligencia corporal–kinestésica

A partir de esto, la idea de que el éxito de las personas solo dependía de sus destrezas académicas, calificaciones y títulos, quedó descalificada al ver que, muchas de ellas, poseían lo mencionado, sin embargo, no llegaban al éxito profesional o personal, o solo eran aptas en algunas áreas y no en todas.

En el año 1995 fue publicado un libro que lanzó a la fama a su autor, Daniel Goleman, llamado *La inteligencia emocional* (*Emotional Intelligence*). A partir de allí, comenzó a utilizarse muchísimo este concepto de inteligencia.

La inteligencia emocional es la capacidad que tiene una persona para identificar su propio estado emocional y gestionarlo de forma efectiva. Esta capacidad ejerce una fuerza positiva sobre las personas que la poseen, ya que les permite entender y controlar sus impulsos emocionales facilitando las relaciones con su entorno.

> *La inteligencia emocional es una forma de interactuar con el mundo que tiene muy en cuenta los sentimientos, y engloba habilidades tales como el control de los impulsos, la autoconciencia, la motivación, el entusiasmo, la perseverancia, la empatía, la agilidad mental. Ellas configuran rasgos de carácter como la autodisciplina, la compasión o el altruismo, que resultan indispensables para una buena y creativa adaptación social.*
>
> Daniel Goleman

Al principio de la evolución, el cerebro humano estaba formado por una serie de estructuras que rodeaban el cordón espinal. En estas estructuras se encuentran todas las respuestas básicas de supervivencia, que se caracterizan por ser cortas y precisas. Algunos ejemplos son: el reflejo de la rodilla, el latido del corazón, el parpadeo, etc. La característica de este cerebro primitivo es que no siente ni piensa. Con el correr del tiempo, comenzaron a formarse unas estructuras alrededor del cerebro primitivo. Estas estructuras eran de forma circular, dando una apariencia de anillos, que hoy conocemos como *sistema límbico.*

A partir de esta formación, el ser humano comenzó a experimentar las emociones.

El sistema límbico cerebral es el que se encarga de las emociones, y es el que le da la capacidad de aprender, factor determinante para la evolución y la supervivencia de la raza humana.

Al sistema límbico también se lo conoce como «cerebro emocional».

La evolución siguió su curso y el cerebro humano fue desarrollando nuevas estructuras. Estas nuevas estructuras, llamadas «corteza cerebral», se generaron a partir del sistema límbico o cerebro emocional y fueron las encargadas de otorgarle al ser humano la capacidad del discernimiento.

Fue en la corteza cerebral donde se encontraron los primeros pensamientos, que fundamentalmente estaban ligados al aprendizaje y la memoria.

Hace aproximadamente cien millones de años, el cerebro de los mamíferos se desarrolló repentinamente. La delgada corteza cerebral comenzó a engrosarse formando la neocorteza. Con la neocorteza aparecen todas las características que hacen que un ser humano sea ser humano. Los pensamientos están sentados sobre la neocorteza cerebral; en ella están los centros que comparan y comprenden la información que reciben de los órganos de los sentidos, añade un sentimiento a lo que pensamos y nos permite tener sentimientos en relación con las ideas, los símbolos, el arte y la imaginación.

Podemos así deducir que las emociones nacieron antes que los pensamientos. Y esto hace una gran diferencia.

El sistema límbico es el sistema de alarmas más exquisito y refinado que pueda existir. Realmente, cada vez que profundizo acerca de cómo funciona nuestro cuerpo, nuestra mente y nuestra alma, siento el contacto directo con Dios o con aquella fuerza inteligente creadora, porque solo algo inimaginablemente inteligente pudo crear seres tan perfectos como el ser humano y todo lo que nos rodea.

La amígdala cerebral, que está en el sistema límbico, es un centro nervioso estratégico en las emociones, ya que se encarga de generar respuestas rápidas. En ella se almacena la parte emocional de la memoria y se activa cuando percibimos cualquier tipo de amenaza a través de los sentidos.

Los centros emocionales funcionan a través de circuitos neuronales. Uno de ellos es el circuito que hay entre el tálamo y la amígdala cerebral. Estos circuitos controlan y revisan lo que está sucediendo a cada momento. Cuando experimentamos un hecho parecido a otro que ya hemos vivido y que generó en nosotros una respuesta de emergencia (rápida) como puede ser el miedo, automáticamente este sistema lo asociará y generará la misma respuesta. A este proceso Daniel Goleman lo llamó «secuestro de la amígdala». Un secuestro de la amígdala es un proceso que se da de manera inconsciente, es decir, este circuito toma rápidamente al cerebro y no interviene el lóbulo frontal (neocorteza) con todo su juicio y discernimiento, ya que estas reacciones son extremadamente rápidas. La amígdala cerebral recibe la información en los años de la infancia del ser humano, siendo así sus respuestas impulsivas. El lóbulo frontal de la neocorteza se encarga de analizar todo lo que viene de la amígdala (impulso) y toma la decisión de qué hacer en relación con la acción a desarrollar. Es muy importante destacar que un mal funcionamiento del lóbulo frontal trae trastornos muy graves, ya que los impulsos que vienen de la amígdala no pueden ser controlados.

En las últimas décadas, el Dr. Le Doux ha estudiado y demostrado la posición privilegiada que tiene la amígdala cerebral como centinela emocional. Las señales sensoriales que provienen del ojo y el oído viajan, primero, en el cerebro al tálamo y luego a la amígdala (oído, ojos ' cerebro ' tálamo ' amígdala). Una segunda señal que sale del tálamo se dirige a la neocorteza (lóbulo frontal). Esta bifurcación de la señal le permite a la amígdala «responder» antes de que pueda hacerlo la neocorteza; es decir, esta vía más corta le permite a la amígdala recibir algunas señales directas de los órganos de los sentidos y comenzar una respuesta antes de que estas señales lleguen a la neocorteza. La amígdala puede hacer que nos pongamos en acción mientras que la neocorteza, lenta pero muy informada, desata un plan de acción más refinado. Aquí cabe hacer mención de cómo nos sentimos después de una acción impulsiva. Automáticamente viene el arrepentimiento, es decir, la respuesta del circuito rápido salió antes y se ejecutó, la respuesta refinada de la neocorteza tardó más y, cuando salió, ya fue tarde, ya se había ejecutado la acción, ahora queda el arrepentimiento y reparar el daño que pudimos haber provocado.

Las hormonas juegan un papel fundamental en el sistema emocional.

Como hemos mencionado, las emociones fueron las primeras manifestaciones neuronales que permitieron al hombre sobrevivir y evolucionar a través de los años.

El cerebro primitivo o emocional se valía, para ejecutar eficientemente sus respuestas al medio, de las glándulas del cuerpo y de su contenido, las hormonas. Las hormonas son moléculas orgánicas producidas y liberadas por las glándulas endócrinas. Estas son mensajeros químicos que actúan sobre determinados órganos o tejidos, provocando así una respuesta específica.

Este circuito cerebro–hormonal permitía que el ser humano activara todos los mecanismos y accionara la respuesta ante una determinada situación. Por ejemplo, la testosterona y la vasopresina en el hombre activan respuestas ancestrales de lucha territorial y huida. Cuando un adolescente se siente invadido, sus hormonas provocaran en él las conductas combativas para defender su espacio/territorio. En la mujer, la falta de estrógeno ha sido relacionada con la depresión. La oxitocina también está involucrada en los comportamientos melancólicos, el desánimo y la tristeza. Por lo tanto, estas juegan un papel importante en las relaciones y las interacciones emocionales.

¿Por qué es tan importante tener una idea clara de cómo se generan los comportamientos impulsivos? Porque de esta manera sabremos cómo manejar dichos acontecimientos, en nosotros mismos y, luego, en los demás.

Como ya he mencionado, los adolescentes no tienen su cerebro maduro, es decir, justamente lo que hace que un adolescente sea impulsivo es que su lóbulo frontal no está totalmente desarrollado. La consecuencia es que muchas de sus conductas no llegan al lóbulo frontal o no son procesadas de manera efectiva.

Daniel Goleman plantea una solución a esto y es «la alfabetización emocional», comenzando por el hogar y siguiendo responsable y meticulosamente en las escuelas, desde los primeros grados elementales hasta los grados de los niveles superiores (Elementary and High School/ primaria y secundaria).

¿Qué es la alfabetización emocional? Es la educación emocional de un individuo.

Antes de desarrollar este punto, me gustaría mencionar las cinco habilidades que otorga la inteligencia emocional (IC) en las personas:

- **Autoconocimiento**: Conocer las propias emociones

  El principio de Sócrates dice: «conócete a ti mismo», y es justamente reconocer un sentimiento en el momento en que ocurre. El autoconocimiento nos obliga a conectarnos con nosotros mismos, y es desde esa conexión donde nos hacemos conscientes de nuestras virtudes o limitaciones.

- **Autocontrol**: Manejar las emociones

Es la habilidad para manejar nuestros sentimientos con el fin de que se expresen de forma apropiada. Esta habilidad nace como consecuencia de la anterior. Al conocer nuestras emociones, podemos ejercer el control sobre ellas, optimizando así el éxito en nuestras relaciones sociales y personales. El autocontrol emocional también conlleva demorar gratificaciones y dominar la impulsividad, lo cual suele estar presente en el logro de muchos objetivos. Las personas que poseen estas habilidades tienden a ser más productivas y efectivas en las actividades que emprenden.

Hubo una investigación muy importante y famosa por cierto que llevó décadas de estudio y observación, que se conoce con el nombre de *Test de la golosina*. Este test lo llevó a cabo el Dr. Walter Mischel, de la Universidad de Stanford.

El test consistía en observar la capacidad que los niños preescolares tenían para crear diversas estrategias para controlar el impulso de comer una golosina antes de que tocara una campana. Si los niños podían esperar unos minutos sin comer la golosina antes de que sonara la campana, la recompensa serían dos golosinas.

Los resultados fueron sorprendentes, ya que estos niños fueron monitoreados hasta la edad adulta, y la conclusión generalizada fue que, aquellos niños que tuvieron la habilidad de poder esperar hasta que la campana tocara y recibían doble golosina como recompensa, fueron adolescentes más tranquilos, enfocados, con mejores notas y con un índice muy bajo de incidencia de las drogas y la promiscuidad. En cambio, aquellos niños que no pudieron esperar a que la campana tocara y se comieron su golosina antes del tiempo previsto (no recibieron recompensa) fueron adolescentes más agresivos, con deficiencias en el enfoque, notas por debajo del promedio y más propensos a consumir drogas; en las mujeres hubo más cantidad de embarazos.

En la etapa de juventud y adultez, el 85% de los niños del grupo que esperaron la campana cursó una carrera universitaria, mantuvo una vida saludable, donde no hubo sobrepeso ni excesos. El índice de divorcio fue muy bajo en comparación con el grupo de niños que no pudieron esperar a que toque la campana, y en dicho grupo, el porcentaje de obesidad y deserción universitaria fue mayor.

Les recomiendo que lean el libro *El test de la golosina* por Walter Mischel, donde explica con detalle el nacimiento y desarrollo de este test y sus conclusiones.

La buena noticia es que el control de la emociones se puede aprender.

- **Automotivación**: Motivarse a sí mismo

Detrás de toda acción hay una motivación. Por eso, emoción y motivación están íntimamente relacionadas. Ejercitar esta habilidad nos proporciona un aumento en la creatividad y en los recursos para utilizarlos a favor del objetivo señalado.

- **Empatía:** Reconocer las emociones en los demás

   La empatía es la base del altruismo. Las personas empáticas sintonizan rápidamente con las señales (lenguaje corporal, por ejemplo) que indican lo que los demás necesitan o desean. Las personas que desarrollan esta habilidad tienen algunas cualidades como la sensibilidad, la observación, la escucha activa, entre otras.

- **Destrezas sociales:** Establecer relaciones

   Es la habilidad de establecer buenas relaciones con los demás; en síntesis, es el resultado de aplicar las habilidades que otorga la inteligencia emocional.

El coeficiente de inteligencia, IQ (por sus siglas en inglés), se mantiene constante durante toda la vida. Sin embargo, la inteligencia emocional va evolucionando y aumentando a medida que vamos creciendo y desarrollando sus habilidades.

Cuando nos enfocamos específicamente en la adolescencia, concluimos que nuestros hijos pueden carecer de inteligencia emocional, sin embargo, los hijos son reflejo de nosotros, los padres.

La alfabetización emocional comienza desde la gestación del bebé. Para ello es necesario hacer una evaluación consciente de nuestro estado emocional, de cuáles son nuestras habilidades para manejar nuestras emociones, cuáles son aquellas habilidades que se necesita trabajar más para optimizar la gestión de las emociones.

En los primeros años de vida, mientras el niño no concurre a la escuela, son los padres los que llevan a cabo la totalidad de esta gestión, ayudando a sus hijos a ponerle nombre, por ejemplo, a una emoción, aplicando límites bajo la luz de la disciplina y no el castigo, tema que abordaré en los capítulos siguientes.

Cuando describí la habilidad de autocontrol, comenté el estudio que se ha hecho y lo que las estadísticas determinaron en relación con esos niños que realizaron el test de la golosina y no pudieron esperar y que no tuvieron asistencia en la educación de sus emociones.

Se ha comprobado que la agresión en adolescentes puede ser consecuencia de la falta de educación emocional. Las familias de estos jóvenes alternan el abandono con castigos severos y caprichosos. El incremento de la depresión en esta etapa también se relaciona con la analfabetización emocional. La dificultad aparece tanto en la relación con los padres como con sus pares. Por lo general, los niños y los adolescentes son incapaces de hablar, o son renuentes a hacerlo, sobre las causas de sus tristezas, frustraciones, enojos etc. Aparentemente, no pueden clasificar apropiadamente sus sentimientos y, en cambio, se muestran hoscos, irritables, iracundos, impacientes, caprichosos, enojados o frustrados. Esta falta de habilidades trae otras consecuencias graves, además de las mencionadas: adicción a las drogas, aumento de embarazos en las adolescentes, *bulling*, bajo rendimiento escolar, criminalidad, suicidio.

La educación emocional debe continuar en las escuelas, apoyando así un sistema que comienza en el hogar.

Existen en la actualidad muchas escuelas que ya le han dado el énfasis que se merece esta educación y la han puesto al nivel de las clases académicas.

La directora de uno de los programas de inteligencia emocional aplicado a las escuelas, Karen Stone McCown, sostiene que la enseñanza basada en la gestión del enojo ayuda a los niños a comprender que este es una reacción secundaria y que lo importante es descubrir qué hay detrás: ¿dolor?, ¿celos?

En los primeros grados, los niños reciben lecciones básicas de autoconocimiento, relaciones personales y toma de decisiones. ¿Cómo lo hacen? A través de un juego que consiste en sentarse de forma circular y tirar un dado que tiene palabras como *triste* o *excitado*, *feliz*, *enojado*, etc. Por turnos, los niños van tirando el dado y describen alguna experiencia en que hayan sentido la emoción que les tocó. Esto estimula la verbalización de los sentimientos y genera empatía cuando escuchan a otros niños que sienten lo mismo que ellos.

Entre cuarto y quinto grado reciben lecciones que les ayudarán a que sus amistades puedan funcionar de manera adecuada, ya que esta es una etapa donde sus pares comienzan a tener un papel protagónico en sus vidas. Aquí se los estimula en el desarrollo de la empatía, el control de los impulsos y el manejo del enojo.

La forma en que trabajan el control de los impulsos es con un gran póster de un semáforo en el salón de clases que tiene 6 pasos:

LUZ ROJA
1- Detente, cálmate y piensa antes de actuar.

LUZ AMARILLA
2- Cuenta el problema y di cómo te sientes.
3- Propone un objetivo positivo.
4- Piensa en soluciones.
5- Piensa en las consecuencias posteriores.

LUZ VERDE
6- Adelante y pon en práctica tu mejor plan.

Entre sexto y octavo grado, los niños reciben lecciones que están más vinculadas con las tentaciones, como pueden ser la droga, el alcohol y el sexo.

Ya en los grados superiores se enfatiza en la habilidad de adoptar perspectivas múltiples, tanto con ellos mismos como con otros individuos involucrados. Por ejemplo, si un muchacho se vuelve loco de celos porque su novia está hablando con otro chico, se le mostrará la importancia de tener en cuenta qué podría estar sucediendo desde la perspectiva de ellos y no de sí mismo, antes de lanzarse a una confrontación.

Resumiendo este tema —que en lo personal me apasiona—, describiré brevemente los beneficios de la educación emocional en niños, adolescentes y jóvenes:

Autoconocimiento emocional:

- Mejora en el reconocimiento de las propias emociones
- Aumento de la capacidad para entender las causas de los sentimientos
- Diferenciación entre sentimiento y acciones

Gestión de las emociones:

- Aumento de la tolerancia ante las frustraciones
- Manejo del enojo
- Aumento de la capacidad de expresión
- Aumento de sentimientos positivos sobre ellos mismos, la escuela y la familia
- Mayor responsabilidad

- Aumento en el poder de concentración
- Mayor autocontrol

Empatía:

- Mayor capacidad para entender el punto de vista de otra persona
- Mejora de la sensibilidad para percibir los sentimientos del otro
- Aumento de la capacidad de escuchar

Gestión de las relaciones personales:

- Mayor habilidad para analizar y comprender las relaciones
- Eficacia en la resolución de los conflictos y la negociación de los desacuerdos
- Mayor popularidad y sociabilidad
- Aumento en la habilidad de la comunicación
- Incremento de la actitud «prosocial» y pacificadora en el grupo
- Aumento en la cooperación, en la ayuda y en la actitud de compartir
- Actitud más democrática en el trato con los otros

Es evidente que, como hijos, nosotros —que hoy somos padres—, no hemos tenido la suerte de estar educados bajo esta perspectiva. Hablo de la mayoría, porque he tenido la gran alegría de conocer a personas que han tenido esta base en sus familias —sus padres eran muy avanzados para la época.

Esto trae un compromiso muy grande con nuestros hijos y futuros nietos. La ignorancia es uno de los colchones preferidos donde se recuesta nuestra zona de confort.

Hay muchas personas que están en este despertar y se han formado grandes movimientos educativos para padres donde se imparten no solo conocimiento, sino estrategias para adquirir las herramientas eficaces que guíen a nuestros hijos por los caminos de la vida.

Con una mano en el corazón

Autoconciencia

- ¿Qué son las emociones según tu perspectiva?
- Escribe quince emociones que hayas experimentado o estés sintiendo ahora
- Las emociones son el termómetro de nuestra energía, estas traen bienestar o malestar a nuestro diario vivir. ¿Qué tipo de emociones abundan en tu diario vivir?
- ¿Cuál fue la última vez que has sentido una emoción que haya traído a tu vida bienestar?
- ¿En qué lugar de tu cuerpo la experimentaste?
- ¿Cómo era tu respiración?
- Describe la sensación
- ¿Cuándo fue la última vez que sentiste una emoción que te trajo malestar a tu vida?
- ¿En qué lugar de tu cuerpo la experimentaste?
- ¿Cómo era tu respiración?
- Describe la sensación
- ¿Cómo te relacionas con tus emociones?
- ¿Conoces las emociones de tu hijo?

- ¿Cómo es la relación entre tus emociones y las de tu hijo?

Autocontrol

- ¿Qué es el autocontrol según tu propia perspectiva?
- ¿Ejerces el autocontrol habitualmente? ¿Lo haces con los demás?
- ¿Ejerces el autocontrol contigo mismo?
- Describe brevemente el mecanismo que utilizas para ejercer el autocontrol en tus emociones.
- ¿Cuándo fue la última vez que no lograste el autocontrol?
- ¿Qué sucedió?
- ¿Qué sentiste?
- ¿Cuáles fueron las consecuencias?
- ¿Tus hijos ejercen el autocontrol?
- ¿Cuáles fueron las estrategias que utilizaste para enseñarles el autocontrol?
- ¿Cómo gestionas el autocontrol en tu hijo?

Motivación

- ¿Qué es la motivación según tu propia perspectiva?

- A lo largo de tu vida, ¿has tenido motivaciones que te han llevado a lograr metas importantes? ¿Cuáles fueron?
- ¿Cuál o cuáles son tus motivaciones en el presente?
- ¿Sabes qué motivaciones mueven a tu hijo?
- ¿Qué estrategias usarías para ayudar a tu hijo a encontrar una motivación que le de la fuerza para tomar acción?

Empatía

- ¿Qué es la empatía según tu propia perspectiva?
- ¿Te crees una persona empática?
- ¿Eres empático solo con la gente de tu entorno cercano o con todos en general?
- ¿Ejerces la empatía contigo?
- ¿Eres empático con tu hijo?
- Si la respuesta es sí:
  ¿Realmente sientes que…
  …te has metido en sus zapatos?
  …has estado dentro de su mente adolescente?
  …has visto la vida o la situación con sus ojos y no con los tuyos?

...has dejado de lado los prejuicios?

- ¿Tu hijo es empático?
- Si la respuesta es sí:
  ¿Es empático...
  ...con sus pares?
  ...con sus padres?
  ...con la autoridad?
- ¿Cuáles serían las estrategias que emplearías para enseñar y fomentar la empatía en tu hijo?

Destrezas sociales

- ¿Qué son las destrezas sociales según tu propia perspectiva?
- En una reunión social, ¿cuál es la dificultad más común que tienes que vencer?

¿Qué es lo que te nace naturalmente?

- ¿Cuáles eran las destrezas sociales de tu mamá?
- Observa a tu hijo. Anota cinco destrezas sociales que hayas descubierto en ellos.
- ¿Algunas de ellas son iguales a la de sus abuelos?

Anota las respuestas:

_____

_____

_____

_____

_____

_____

_____

_____

_____

_____

_____

_____

_____

_____

_____

_____

_____

_____

_____

_____

_____

_____

_____

_____

CAPÍTULO V

Autoridad parental

Este punto es de suma importancia porque en el camino del proceso de vida, como padres, muchas veces creemos que perdemos la autoridad sobre nuestros hijos, sin embargo, no está claro el verdadero significado.

Veamos entonces qué significa *autoridad* según el diccionario de la Real Academia Española.

> **1.** *Poder que gobierna o ejerce el mando, de hecho o de derecho.*
> **2.** *Potestad, facultad, legitimidad.*
> **3.** *Prestigio y crédito que se reconoce a una persona o institución por su legitimidad o por su calidad y competencia en alguna materia.*

Según el diccionario Etimológico, el significado de *autoridad* es:

> *Una cualidad creadora de ser, así como de progreso.*
> *La palabra* autoridad *que viene del latín* auctoritas, *se derivó de* auctor,

cuya raíz es augere, *que significa «aumentar, promover, hacer progresar».*

Ahora bien, ¿qué es la autoridad parental? Es el «poder» que nuestros hijos nos otorgan cuando llegan a nuestras vidas. Este poder es el que nos permitirá guiar a nuestros hijos en la acción «creadora de ser».

Todos los padres tenemos, por decirlo de alguna manera, el mismo potencial o capital en autoridad; sin embargo, en el proceso de la vida muchas veces nos encontramos que vamos perdiendo autoridad sobre nuestros hijos. Este fenómeno es muy común hoy en día, ya que el concepto que existía anteriormente de autoridad se asemejaba al autoritarismo, donde la subordinación, la obediencia y la distancia marcaban la relación entre padre e hijo.

Existe un fenómeno llamado «generación sándwich». Esta generación abarca entre los treinta y cinco y los cincuenta y cinco años. Es la generación que «sostiene» a sus padres y a sus hijos.

La mayoría de nosotros pertenecemos a esta generación, que de por sí es muy complicada. No me pondré a analizar con detalle este fenómeno; sin embargo, quisiera destacar la gran presión y confusión que tenemos aquellos que la atravesamos, ya que al hecho de «sostener a nuestros padres» yo le daría el significado de sostener unos patrones de conducta y creencias y, dentro de estas, el concepto de lo que es la autoridad parental, más allá de todo lo que acarrea a las personas en la tercera edad, según el país y la sociedad en la que vivan.

Sostener a nuestros hijos significa, literalmente, ejercer el papel de padres con una generación que viene despierta, informada y que nos desafía en lo que respecta al concepto y forma de autoridad patrental.

Los padres de hoy en día estamos en el medio de dos grandes fuerzas de responsabilidades y patrones a los que tenemos que responder, yo diría que casi en simultáneo.

¿Por qué hago esta referencia? Porque, bajo mi propia mirada, somos una generación que fue criada — la mayoría, no todos— bajo estructuras cerradas, prejuiciosas, con miedos, donde cuestionar no era bueno, donde los padres tenían un poder casi absoluto sobre nosotros, que no es lo mismo que autoridad. Yo recuerdo que todas aquellas personas que representaban una autoridad, por ejemplo, mi mamá (y todos los papás), mi abuelo (y todas las personas como mis abuelos), un policía, la maestra, la directora del colegio, el doctor, el presidente de mi país, ya en High School (secundaria), los profesores y directores tenían un aura de cierto miedo y respeto. En la juventud, el miedo se fue perdiendo, mas el respeto nunca.

En mi caso, vengo de una mamá con una personalidad muy fuerte, agresiva, inflexible, diría hasta algo narcisista, que ejerció la autoridad absoluta. Mi papá era un hombre cariñoso, flexible, con muy poco carácter, proveedor del hogar y ausente. Claro, la combinación de estas personalidades más los procesos de vida, hicieron que mi madre ejerciera, como dije anteriormente, la autoridad absoluta, de la forma que ella misma lo entendía y como ella misma la había recibido. Su autoridad estaba basada en la fuerza y en la coerción, más que en la habilidad de manejar saludablemente los desafíos que se le presentaban.

Quiero aclarar que, detrás de cada conducta, hay un aprendizaje. Este capítulo lo dedico no a una catarsis personal, sino a poder llevarlos a comprender que somos consecuencia de programaciones de nuestros padres, que a su vez ellos, como hijos, fueron consecuencia de programaciones de sus propios padres, y que nuestros hijos son también consecuencia de nuestras programaciones. Por esa razón, cambiar el enfoque nos ayuda a tomar nuevas iniciativas para gestionar saludablemente los desafíos con nuestros hijos.

Mi experiencia de autoridad parental fue la que, inconscientemente, ejercí con mis hijos y, como he contado en los primeros capítulos, mi hijo mayor fue el gran desafío, ya que por su personalidad no respondía a ese tipo de autoridad coercitiva.

Volviendo al fenómeno de la generación sándwich, muchos papás —al ser criados en un ambiente muy restrictivo y de poco diálogo— han creído que si generan una relación de amistad con sus hijos, o de igualdad, estos no tendrán los traumas que ellos tienen o tuvieron.

Están aquellos padres que experimentan con sus hijos ese miedo que han tenido a sus padres, y son los hijos quienes pasan a ejercer el poder sobre ellos.

Me gustaría volver al principio de este capítulo donde hablamos sobre qué es la autoridad parental. Creo que lo más importante es saber que tenemos autoridad sobre nuestros hijos y que, paradójicamente, esa autoridad se nos es otorgada por nuestros hijos al nacer, por lo tanto siempre seremos sus referentes de autoridad. La autoridad sobre nuestros hijos no es negociable: simplemente *es*. Está en nosotros, como comenté anteriormente, cultivarla y ejercerla de tal manera que aumente dicho potencial. Es muy poco lo que los padres sabemos sobre las diferentes etapas del ser humano en su proceso físico, psicológico y social y, en consecuencia, según mi visión los grandes errores los cometemos cuando nuestros hijos son chiquititos, porque creemos que no entienden nada, que son hasta graciosos ciertos comportamientos desafiantes a la autoridad parental, y lo peor es que creemos que no pasa nada. Mi punto es que, desde la gestación, los seres humanos recibimos información hasta aproximadamente los ocho años. Como ya he explicado en capítulos anteriores, esa información crea los patrones neurológicos que nos acompañarán durante esta vida.

Entonces, la autoridad hay que ejercerla desde el momento que sabemos que tenemos vida en nuestro vientre (aplica a mamá y a papá).

La relación entre autoridad y miedo es indirectamente proporcional. Cuanta más autoridad tenemos, menos coerción necesitaremos para poder ejercerla.

En mis consultas pongo el ejemplo del bambú o el de las palmeras. Son árboles que proveen sombra, dan frutos, están erguidos con gran entereza; sin embargo, en las grandes tormentas, como pueden ser los huracanes, sobreviven a fuertes vientos. He visto a grandes palmeras sacudirse al punto de que sus hojas casi tocaban el piso, con muchísimo temor de que se partieran y cayeran sobre mi carro estacionado frente a mi casa. Y ante mi gran asombro, están allí, en el mismo lugar, intactas. ¿Cuál es el gran secreto? La flexibilidad. Una autoridad genuina tiene flexibilidad como una de las características más importantes. Debemos entender la flexibilidad como la capacidad para cambiar de pensamiento sobre conceptos diferentes a nuestras estructuras mentales, y pensar en múltiples conceptos simultáneamente. No es lo mismo ser flexible que permisivo o ser flexible que irresponsable. Se suele confundir la flexibilidad con desinterés o libertinaje.

Siguiendo con el ejemplo de las palmeras, la autoridad parental también tiene como ingrediente la firmeza. La dureza no es igual que la firmeza: algo que es duro se quiebra. Las palmeras están firmes en su lugar después de la tormenta. Cuando tomamos una decisión con respecto a nuestros hijos, antes de comunicarlo deberíamos estar muy seguros de nuestra decisión, ya que parte de la firmeza es sostener lo que se ha decidido.

Otra característica de la autoridad parental es la empatía. Este tema lo he hablado en los capítulos anteriores, sin embargo, también forma parte del concepto de autoridad. Sin estar dentro de los zapatos de tus hijos es difícil entenderlos y procurarles las herramientas necesarias para que respeten a la autoridad parental.

Otro punto que tiene la autoridad es la congruencia. Aquello que digo, predico y sostengo debe tener congruencia con mis actos y ejemplos, con mi conducta. Es fácil decir sin hacer; es fácil enseñar sin aprender. Hay un dicho que me lo repetía mi abuela a modo de ejemplo: «haz lo que yo diga y no lo que yo haga».

Es típico de nosotros, los papás, decirles a nuestros hijos que no hay que mentir; acto seguido nos pillan haciéndonos negar frente a algún llamado telefónico indeseable.

El respeto es vital en la autoridad parental. En nuestra infancia, y desgraciadamente hoy en día en algunas sociedades, el niño no era respetable porque era pequeño, no teníamos la jerarquía que se necesita para ser respetables. Desde palizas, insultos, gritos, castigos forzados hasta obligarnos a cumplir tareas que nuestros padres se habían comprometido a hacer y nos la delegaban a nosotros. Recuerdo una vez que una amiga de mi mamá necesitaba salir y no tenía con quién dejar a sus dos hijos. Mi mamá muy caritativa se ofreció con gusto a cuidarlos. Resultó ser que la *baby sitter* fui yo. Recuerdo que tenía que reunirme con mis compañeras del colegio para hacer un trabajo y mi mamá no me dejó ir porque yo tenía que quedarme con los hijos de su amiga, ya que ella tenía cosas para hacer. Recuerdo que lloré con tanto enojo, no entendía el porqué. No podía reclamar, me parecía injusto, pero las cosas eran así, por lo menos en mi caso. Claro que ese patrón lo tuve que trabajar durísimo, porque he puesto a mis hijos en situaciones parecidas, pero no tan drásticas. No me sentí respetada. A mi criterio, mi mamá, antes de comprometerse se tendría que haber asegurado de que yo podría ayudarla o, sencillamente, haber asumido ella esa responsabilidad. Parece mentira, pero hay muchos padres que tienen la creencia que respetar a sus hijos es sinónimo de debilidad parental, incluso hoy en día.

Un niño con una autoridad parental deficiente será un adolescente muy difícil de guiar y sostener y un adulto sin bases que lo sostengan en su proceso de vida.

El papel de la mamá y del papá debe estar bien delimitado y claro, en el caso de una familia nuclear.

Así como el concepto de autoridad parental fue cambiando, también lo fue haciendo el concepto de familia.

Hoy existen varias clasificaciones de familia:

- **Familia nuclear:** Está constituida por una mamá, un papá y sus hijos.
- **Familia extendida**: Está constituida por parientes cuyas relaciones no son únicamente entre padres e hijos. Puede

incluir abuelos, tíos, primos y otros consanguíneos.

- **Familia monoparental**: Está formada por uno solo de los padres y sus hijos. Podría ser el caso de padres separados o divorciados, madre soltera o por el fallecimiento de uno de los cónyuges.
- **Familia homoparental**: Esta formada por una pareja homosexual y sus hijos biológicos o adoptados.
- **Familia ensamblada**: Está constituida por agregados de dos o más familias.
- **Familia de hecho**: Esta formada por una pareja que convive sin ningún enlace legal.

Es importante destacar que no importa cuál sea el formato de familia que tenga un niño o adolescente, lo que realmente es invalorable es determinar el papel de cada adulto en la familia, conciliar entre ambos cuáles serán las reglas que tiene esta, cuáles son aquellas reglas que no serán negociables y cuáles sí, cómo serán las consecuencias que tendrán los hijos frente a los desafíos de autoridad, cómo será el vocabulario que utilizarán para educarlos, cuáles serán aquellos valores que se les darán.

Es importante mantener una comunicación permanente entre los adultos que representan la autoridad en la familia ya que, como he explicado antes, la ecuanimidad es un factor indispensable de la autoridad.

Mantener presente que, como padres —ya sea biológicos, adoptivos, o por opción—, la autoridad es a la vez un derecho y una obligación que se nos otorga en el instante que asumimos la vida de otra persona en nuestras manos. No es negociable, ni transferible a los hijos. Como adultos responsables debemos entender que las bases del respeto a cualquier forma de autoridad comienzan por el respeto a uno mismo. No hemos nacido padres ni hay una escuela todavía que nos entrene para serlo, por eso, ser flexibles, ecuánimes, empáticos con nosotros mismos nos otorga la experiencia y la madurez que necesitamos para hacer crecer nuestra autoridad parental.

Con una mano en el corazón

- ¿Cómo definirías la autoridad parental bajo tu propio criterio?
- ¿Cómo fue la autoridad parental ejercida por tus padres?
- Según tu propia experiencia, ¿quién de tus padres ejerció la autoridad parental bien entendida?
- ¿Cuál de tus padres ejerció el poder coercitivo?
- ¿Qué consecuencias trajo a tu vida el tipo de autoridad parental que han ejercido sobre vos?
- ¿Puedes identificar cinco características de autoridad parental que tengas hoy en día para con tu hijo heredada de tus padres? Escríbelas.
- ¿Cómo es tu autoridad parental?
- ¿Puedes identificar cuáles son los momentos y situaciones que ponen en peligro tu autoridad parental frente a tu hijo?
- Ahora que cuentas con herramientas, escribe cinco cambios que realizarías en ti mismo para fortalecer tu autoridad parental en dichas situaciones.

- ¿Te reconoces como la autoridad parental en tu familia?
- Si la respuesta es negativa, ¿a quién reconoces como autoridad parental en tu familia? ¿Por qué?

Ejercicio de autosugestión

Una vez terminado este ejercicio, puede que te encuentres triste, enojado, frustrado, ansioso, o tal vez nada de eso te suceda, de todas maneras me gustaría que estas herramientas nuevas se incorporen a tu sistema para que, cuando sea necesario, accedas a estas espontáneamente.

Vamos a repasar las características principales de una autoridad parental saludable:

- Flexibilidad
- Empatía
- Respeto
- Firmeza
- Congruencia

Ahora puedes crear tus propias frases de autosugestión o aceptar estas que he creado:

Reconozco la autoridad parental en mi persona con amor, humildad y respeto.

Ejerzo la autoridad sobre mis hijos saludablemente, con flexibilidad, empatía, respeto, firmeza y congruencia cuando lo amerite.

El ejercicio de mi autoridad parental es la base sólida donde mis hijos pueden apoyarse en su proceso de vida.

Agradezco a Dios, al universo, a la divinidad que habita en mí la oportunidad de ejercer la autoridad parental sobre mis hijos, reconociendo el gran compromiso de guiarlos en la búsqueda de su propio ser.

Soy una mamá (papá) llena de amor, flexible, empática, respetuosa de mis hijos, con firmeza y congruencia.

Durante 21 días, justamente antes de dormir, cuando no te das cuenta de si estás dormido o despierto, repite hasta dormirte todas las sugestiones o la que hayas elegido, siéntelas, vívelas, imagina cada acción de cada frase, observa cómo sería una situación con tu hijo ejerciendo la autoridad parental con estas nuevas consignas. Respira... profundo... respira... profundo.... y deja que tu subconsciente se apodere de esta información y la haga realidad.

Anota las respuestas:

CAPÍTULO VI

Límites, reglas, negociación y consecuencias

Los límites, en los niños y adolescentes, son la estructura más poderosa para que crezcan sanos, plenos y felices. Esto significa que son fundamentales en la vida del ser humano.

La palabra *límite* deriva del latín *limes*, que significa «borde o frontera».

Para nosotros, los padres, un límite representa una línea imaginaria entre lo que creemos que es lo mejor para nuestro hijo y lo que nuestro hijo quiere. Ahora bien, aquello que creemos que es lo mejor para nuestros hijos está conformado por nuestro sistema de valores y creencias, por la información que recibimos de nuestra familia, de la sociedad, la cultura, etc. Recordemos que los seres humanos nacemos en «estado de esponja»: todo lo que hubo a nuestro alrededor llegará a nuestro sistema y lo incorporaremos; a eso se lo llama «aprendizaje». Los límites se enseñan desde que el bebé está en nuestros brazos. Los límites le darán a nuestros hijos la estructura para interactuar socialmente, formar parte de la sociedad y desarrollarse como un ser social. Sin límites, corren el riesgo de no poder insertarse adecuadamente en la sociedad, y esto sería muy perjudicial para ellos y para nosotros como padres. Un ser humano sin límites corre grandes peligros, tanto físicos como psicológicos, y no solo el individuo, sino su entorno directo y la sociedad. Los primeros límites son los que ponen los padres, luego vienen los límites que pone la escuela, y luego la sociedad.

Todos los países, ciudades y civilizaciones han tenido una estructura moral y social que rige la vida de las personas; a eso lo llamamos «normas», «códigos», «reglas», etc. Gracias a estos sistemas, el ser humano puede vivir en sociedad. Los límites en el hogar familiar van de la mano de la autoridad parental. Sin una autoridad parental presente, es muy difícil establecerlos. Especialmente en los más pequeños, hay que acompañar los límites con un tono de voz particular, con una postura corporal que acompañe aquello que se quiera establecer como límite. La magia de la repetición es una gran aliada en este campo, por eso es fundamental mantener la firmeza y la convicción de lo que se quiera marcar. Claro que en la adolescencia establecer los límites se hace más difícil, porque los chicos cuestionan absolutamente todo ya que, como hemos visto, todo su sistema neurológico cognitivo se va desarrollando y van tomando diferentes conclusiones que jamás en la infancia se habían planteado. Además influyen tanto el protagonismo de las hormonas como de los procesos psicosociales del adolescente Por eso, a la hora de poner límites, es recomendable que se comience de pequeños. Mi abuela diría: «no dejes para mañana lo que puedes hacer hoy». Muchos padres sienten miedo a la hora de poner límites; este miedo puede ser porque no se sienten seguros o no saben cómo proceder si el adolescente pierde el control. Los adolescentes se ven envueltos en decisiones peligrosas por falta, justamente, de límites o de una autoridad parental en su vida. Es muy importante que cada límite esté sostenido por un argumento y la firmeza de los padres. Obviamente, los límites van cambiando en cada etapa del ser humano: no son los mismos los de la infancia que los de la adolescencia y, a su vez, que los de la etapa adulta. Un límite es sinónimo de amor y, aun en la peor rabieta, nuestros hijos saben que es por el propio bien. Un límite es sinónimo de seguridad y de autoestima, ya que un adolescente con límites podrá resolver desafíos con mayor inteligencia emocional. Un límite es protección. Funciona de la misma manera que enseñarles a nadar desde pequeños: ante cualquier eventualidad les permitirá a nuestros hijos salvar su vida si caen en una piscina. En esta etapa, el peligro ya no es que se caigan a una piscina —aunque siempre hay que estar alerta—. Los peligros tienen diferentes formas y caras: desde amigos manipuladores, el sexo, las enfermedades de transmisión sexual, las redes sociales, la pornografía, la imagen distorsionada (bulimia y anorexia), el alcohol, el consumo de marihuana y las temerosas drogas, entre otras. Nuestros hijos adolescentes están expuestos a estos peligros, por eso debemos prepararlos para esta etapa, y la mejor forma es ejerciendo nuestro derecho a la autoridad parental y el establecimiento de límites.

Las reglas familiares forman parte de los límites

La base fundamental de las reglas de una familia es que todos sus miembros las cumplan, tanto los padres como los hijos, y que contengan argumentos que las sostengan.

Un ejemplo de esto sería algo muy común hoy en día: el no uso del celular en el almuerzo y la cena. Muchos padres imponen esa regla y no la cumplen ellos mismos. Otros, ante la pregunta repetitiva de su hijo de por qué le sacan el teléfono, no proporcionan la razón que sostiene esa regla. Esto no es ni bueno ni malo, solo que yo les propondría a esos padres que vean la oportunidad de enseñar o educar mientras se establece una regla. Por ejemplo, podría explicarle a su hijo la importancia de participar en conversaciones sobre temas familiares, o compartir un momento agradable o, por qué no, mantenerse en silencio disfrutando de una rica comida.

Recuerdo que, cuando mis hijos eran chiquititos, yo tenía una pizarra donde escribía todas las reglas de la familia:

Familia Sara - Reglas:

Cepillarse los dientes tres veces al día
Llevar el vasito de la leche al lavaplatos
Estirar la cama
Cumplir con las responsabilidades:
    Papá: trabajo
    Juani y Sofi: Escuela

Mami: Estar en casa y cuidar al bebé

Matu: comer, jugar y dormir

Hacer la tarea

Hablar cariñosamente

Compartir

Respetar a mamá, papá y todos los adultos

Jugar

Divertirse

Bañarse

Ir a dormir a las 9.00 p. m (fines de semana a las 11.00 p. m)

Cuando papi se va de viaje, pijamada en el cuarto de mamá

Las reglas fueron cambiando a medida que iban creciendo. Para la adolescencia había reglas que ya estaban establecidas, algunas de ellas crearon hábitos, sin embargo, una de las cosas que aprendí fue que, para establecer confianza y cercanía con mis hijos, había ciertas reglas que podía negociar con ellos sin que afectaran los valores familiares y la armonía de mi hogar. Por eso, me gustaría hacer una diferencia entre las reglas familiares en la época de adolescentes en casa. Existen reglas que no son negociables y reglas que sí lo son. En la infancia, las reglas y límites son establecidos por los padres. En esa época, los niños obedecen o no, pero no pueden interpretar el trasfondo de la regla y sus consecuencias al no cumplirlas. El adolescente tiene criterio para determinar lo que está bien y lo que está mal, va tomando consciencia de las consecuencias que conlleva no cumplirlas así como los beneficios de respetarlas, por eso propongo a los padres que organicen una reunión familiar y reestructuren las reglas familiares. Hacer participar a los adolescentes les da mucha seguridad, ya que se sienten valorados al ser escuchados y que sean tomadas en cuenta sus razones y opiniones. Esta podría ser una estrategia muy buena, porque cuando el adolescente «crea» la regla la cumplirá a rajatabla. Por ejemplo, tuve el caso de una mamá que no le daba permiso a su hijo a ir a las fiestas que organizaban los compañeros de su misma escuela. Este adolescente comenzaba a experimentar las primeras reuniones sociales y con él, su mamá. En los Estados Unidos no es común que los chicos cursen sus grados con el mismo grupo de compañeros, esto hace que todos los alumnos de una escuela interactúen. La diferencia entre las reuniones infantiles y las fiestas de adolescentes es que, en las primeras, los padres conocen a los padres de los amigos de sus hijos; en la segunda, no. Esta madre angustiada por esta situación nueva para ella rehusaba dejarlo participar en las reuniones, porque no conocía a ningún padre de los chicos que iban a las fiestas o que las organizaban. Este adolescente, lleno de frustración, manifestaba su enojo con gritos y portazos. Esta reacción hizo que su madre lo pusiera en penitencia, y la relación se volvía cada vez más áspera entre ambos. Pasaron semanas sin hablarse. El adolescente no quería integrarse a la familia y ni hablar de ir de paseo con sus padres. Cuando esta madre vino en busca de herramientas, pudo descubrir que el motivo real de no dejar participar a su hijo en las fiestas era el miedo. Me reuní con la madre y con su hijo, y fue maravilloso lo que pasó. Cuando la mamá llorando le dice a su hijo que el verdadero motivo que le impedía dejarlo ir a fiestas era el miedo, su hijo la abrazó y le pidió que confiara en él. Entonces crearon las siguientes reglas:

Organizar una reunión mensual en nuestro hogar para conocer a todos los amigos

Permiso a aquellas reuniones en que mamá y papá conozcan a los padres del anfitrión de la reunión

Horarios de las fiestas hasta las 11.00 p. m

Mamá o papá te llevaran y recogerán de las fiestas

Sin embargo, dentro de las reglas no negociables estaban las calificaciones, el respeto hacia sus padres, hermanos y adultos, no decir mentiras, las responsabilidades hogareñas, etc.

Esta mamá tuvo que pasar el proceso de aceptación —que su hijo estaba creciendo— y confianza. Solemos decirles a nuestros hijos que sí confiamos en ellos, pero no confiamos en el entorno. Esto puede ser un argumento verdadero, o no, pero para nuestros hijos el mensaje es claro: «tampoco confías en mí».

Las reglas que rigen a una familia están basadas en su propio sistema de creencias y valores. Es fundamental que los padres cumplan con las reglas de la misma manera que los hijos, así como un padre puede perder la confianza cuando su hijo rompe una regla o miente sobre el cumplimiento, los hijos también pierden la confianza en los padres y eso se traduce en la falta de reconocimiento a la autoridad. Este adolescente vivirá en un sistema de creencias donde las reglas no son importantes, porque «mis padres no las cumplen» o el famoso pensamiento de «no pasa nada».

Poner límites y establecer reglas, como he dicho, es vital para la vida de nuestros hijos, sin embargo, hay otro punto que es de suma importancia: la consecuencia.

No me gusta utilizar la palabra *castigo*. El castigo es una sanción que se ejecuta sin enseñar o cambiar la conducta que llevó a nuestro hijo a incumplir una regla o quebrar un límite. Las *consecuencias* son aquellos factores que se producirán tanto si se quiebra un límite o no se cumple una regla como si se la respeta u obedece. Por ejemplo, Mateo, mi hijo más pequeño de quince años, sacó su licencia de conducir restringida, es decir que puede manejar con un adulto que lo acompañe. Le doy permiso para que maneje cuando vamos hacia la escuela y al regreso.

La regla es: «si quieres manejar hasta el colegio, al salir de casa tu habitación tiene que estar recogida y ordenada».

¡El primer día cumplió! ¡El segundo día cumplió! ¡El tercero, el cuarto, el quinto y el sexto día cumplió! El séptimo día de manejo se levantó tarde y yo no supervisé su cuarto al salir. Ese día me preguntó:

—¿Puedo manejar?

—¿Está todo en orden? —le respondí.

—Sí, mami —me dijo moviendo los hombros.

Cuando volví a casa, su cuarto era un desastre. Cuando llegué a la puerta de su colegio, vino hacia el lado de la puerta del conductor y me dijo:

—Ma, córrete.

Lo miré y le dije que no, que por favor se subiera del lado del acompañante, que quería hablar con él. Le mostré la foto de su cuarto, y un poco enojado me contestó que había sido solo un día que no había hecho el cuarto. Le recordé la regla pactada —la que juntos «creamos» — y también la regla no negociable de «no decir mentiras». Pues Mateo se quedó sin manejar esa tarde. Después de unos días, volvió a suceder, se levantó tarde y no tuvo tiempo de ordenar su cuarto, pero esta vez me dijo:

—Mami, no pude organizar mi habitación, ¿puedo manejar igual?

Y en ese caso negocié una consecuencia: como él me dijo la verdad —y la verdad es más importante para mí que su cuarto arreglado—, le permití manejar solo de ida al colegio, en el regreso conduje yo.

Muchos psicólogos sostienen que la adolescencia es la etapa de la negociación. En mi caso, romper con la creencia de que negociar con un hijo es sinónimo de debilidad, falta de carácter y, por consiguiente, mala madre, fue un trabajo que me demandó muchísimo esfuerzo, porque salirme de ese patrón me generaba culpa.

La negociación, bien utilizada, es necesaria para la vida. La negociación no es sinónimo de manipulación. Una negociación es un proceso y una técnica mediante dos o más individuos que determinan un acuerdo. Es importantísimo que, a través de esta técnica, nuestros hijos aprendan las destrezas de un proceso de negociación y la creación de acuerdos.

Esta enseñanza formará parte de las herramientas para la vida que estaremos entregándoles y que les permitirán alcanzar grandes metas. La negociación forma parte de las destrezas sociales que describí en el capítulo de la inteligencia emocional.

Resumiendo:

Los límites y las reglas son vitales para nuestros hijos; sin estos, no podrán desarrollar su máximo potencial como individuos, además de ser una amenaza para sí mismos y la sociedad.

El establecimiento de límites se comienza desde que nuestros hijos son bebés, aproximadamente a los seis meses de edad, etapa donde el ser humano explora el mundo.

Las reglas son tácitas en las familias, sin embargo, a partir de los dos años de vida, cuando comienza la famosa etapa de «los terribles dos» es importante comenzar a escribirlas en una pizarra y, a modo de juego, leerlas todos los días y practicarlas en familia.

En la adolescencia, los límites al igual que las reglas son criticados y desafiados por nuestros hijos. Por eso se requiere un cambio de estrategias para poder seguir marcándoles el rumbo.

Una de las estrategias más poderosas es la negociación. Con esta técnica podremos crear junto con nuestros hijos nuevos acuerdos, que a su vez nos permitirán implementar nuevos límites y reglas. Al adolescente le molesta muchísimo la imposición. Cuando ellos forman parte del proceso de creación de acuerdos, los cumplen al 100 por ciento, y al final de la historia, nuestro objetivo está cumplido.

Toda decisión en la vida conlleva una consecuencia. Respetar y obedecer las reglas no negociables y las negociables permitirán que nuestros hijos gocen de los beneficios de su cumplimiento. Cuando desafían o rompen una regla o límite, sufrirán las consecuencias de eso.

Una consecuencia es la oportunidad de enseñarles a nuestros hijos el valor de la responsabilidad que tienen las decisiones y de que reconozcan cuál fue la razón que los llevó a sufrirla, para que la hagan consciente y los ayudemos a cambiarla.

Con una mano en el corazón

Límites:

- ¿Qué límites fueron difíciles de cumplir por tu hijo en la infancia?
- ¿Cuál era su reacción?
- ¿Cuál era tu reacción?
- ¿Cuáles son los límites que tu hijo adolescente desafía y/o traspasa?
- ¿Cuál es su comportamiento?
- ¿Cuál es tu reacción?
- Describe cinco consecuencias que tendrá tu hijo al desafiar o quebrar un límite.
- Cuando tú eras adolescente: ¿desafiabas los límites? ¿Los cuestionabas? ¿Por qué?
- A partir de esta información, ¿te ves reflejado en la conducta de tu hijo?
- Si la respuesta a la pregunta anterior fue positiva, examina qué patrones se repiten y aplica la empatía.

Crea cinco estrategias a partir de dicha información para ayudar a tu hijo a aceptar dichos límites.

Reglas:

Como he mencionado, las reglas están basadas en las creencias y en los valores familiares.

- Escribe cinco reglas no negociables y sus consecuencias.
- Escribe cinco reglas que estés dispuesto a negociar con tu hijo adolescente.
- Organiza una reunión familiar y establezcan juntos las negociaciones para crear nuevos acuerdos.

Escribe las cinco nuevas reglas negociadas entre todos y sus consecuencias.

Negociación:

- ¿Has utilizado la negociación con tu hijo adolescente?
- Si la respuesta fue negativa, enumera cinco creencias que te han limitado a ejercerla.
- A las cinco creencias limitantes, colócale cinco creencias que promuevan la negociación.

- Viaja por unos minutos a tu adolescencia y recuerda algún evento donde tus padres habrían podido aplicar la técnica de la negociación y no lo hicieron. Recuerda cómo te sentiste y cuáles eran las propuestas que tenías para ofrecerles.

Ahora, imagina cómo hubiera sido esa situación si tus padres hubieran aceptado tus propuestas y juntos hubieran creado un acuerdo.

Si la experiencia hubiera sido positiva, incorpórala a tu sistema y, cuando te encuentres en alguna situación similar con tus hijos, recuerda esto y dales la oportunidad de crear acuerdos. Recuerda que los acuerdos requieren responsabilidad y compromiso, dos valores que valen la pena transmitirles.

Anota las respuestas:

_____

_____

_____

_____

_____

_____

_____

_____

_____

_____

_____

_____

_____

_____

_____

_____

_____

_____

_____

_____

_____

_____

_____

_____

CAPÍTULO VII

Adolescentes difíciles

En todo mi libro intento mostrar lo difícil que es la adolescencia: todos los cambios físicos, psicológicos y de entorno que traen con ella. Es difícil tanto para los propios adolescentes como para los padres. Sin embargo, como padres, vemos nuestra propia parte y, de alguna manera, nos victimizamos. Nuestros hijos pasan a ser los victimarios, porque según nuestras creencias ellos «no tienen ningún problema».

Cambiemos el foco de atención y reflexionemos acerca de todo el contenido de este libro.

Nuestros hijos también sufren y se sienten víctimas de nosotros. La gran diferencia es que ellos no entienden qué está pasando con ellos. Cambia el cuerpo, cambia la forma de pensar, aparecen argumentos que jamás se les hubiera imaginado pensar. Cambia la manera en que se relacionan. Aparecen los prejuicios, los miedos, las inseguridades. Experimentan la excitación sexual, algo que no entienden bien pero lo sienten. Cambia la perspectiva del modelo de padres, de superhéroes pasamos a ser humildes humanos. Cambian las necesidades, los gustos, y la vida se vuelve un lugar inseguro, donde sienten que tienen que estar a la defensiva.

Un adolescente difícil es aquel que, por razones neurofisiológicas (químicas/ eléctricas), psicológicas o emocionales, no puede manejar la angustia, la ansiedad, los miedos y todos los desafíos cotidianos en general con inteligencia emocional.

En el capítulo de inteligencia emocional describí los fundamentos de la misma, cómo aplicarlos y enseñarlos.

En un adolescente difícil, se exacerban todas las características propias de la adolescencia. La ira, los cambios de humor, el aislamiento, los gritos, el desafío a la autoridad, el gusto por lo peligroso, el sexo, etc. Cuanto más difícil sea un adolescente, más tendrá necesidad de amor, aceptación, límites, ejercicio de una buena autoridad parental y herramientas por parte de los padres.

Solo saliendo de la victimización en donde tendemos a ubicarnos podremos asistir a nuestro adolescente difícil.

Existen un centenar de deficiencias, síndromes y trastornos que generan cambios en la conducta y la personalidad.

Hay algunas enfermedades como la esquizofrenia que puede estar latente en el niño y que se manifiesta en la adolescencia a consecuencia de los cambios antes mencionados. Es muy común hoy en día escuchar acerca de los trastornos de atención dispersa con hiperactividad, TDA y TDAH (Attention Deficit Hyperactivity Disorder, ADHD). Este trastorno puede manifestarse en la infancia y en la adolescencia.

Sus principales características son, entre otras:

- Falta de atención o incapacidad de enfocarse (pierden fácilmente las cosas)
- Rápido cambio de actividades (les cuesta terminar una actividad y pasan a la otra rápidamente)
- Dificultad para seguir instrucciones
- Hablar demasiado e interrumpir los diálogos
- Impaciencia
- Conductas y comentarios inadecuados (no tienen filtro)
- Incapacidad para manejar sus emociones (falta de inteligencia emocional)

La bipolaridad también está dentro de los trastornos de la conducta. Mayormente se manifiesta en la adolescencia, pero también puede aparecer en etapas tempranas.

El trastorno bipolar se caracteriza por cambios inusuales en el estado de ánimo, que no es lo mismo que los altibajos normales que experimentan todos los adolescentes. Los síntomas bipolares son más potentes. En este trastorno coexisten dos etapas, la depresiva y la maniática (hiperactividad). Las características son, entre otras:

Etapa depresiva:

- Depresión. Tristeza aguda
- Desánimo
- Desmotivación
- Sueño alterado, por mucho o por poco
- Sentimiento de culpabilidad
- Apetito voraz o falta del mismo
- Idea de muerte

Etapa maníaca:

- Alegría excesiva, euforia
- Mal humor repentino

- Rapidez al hablar
- Cambio rápido de temas de conversación
- Insomnio
- Desenfoque
- Falta de concentración
- Temas sexuales muy presentes
- Inclinación por actividades peligrosas

También es común que los adolescentes sufran depresión.

La depresión en la adolescencia no se manifiesta necesariamente por alguna razón aparente; los mismos procesos de esta etapa pueden llevar a manifestarla. Los síntomas de la depresión en los adolescentes no siempre son iguales que en los adultos.

Las características generales de un adolescente con depresión son, entre otras:

- Brotes de ira
- Irritabilidad
- Dolores de cabeza o estómago (visitas frecuentes a la enfermería del colegio por estas causas)
- Aislamiento, tanto de padres como de los amigos

- Cansancio abrumador
- Tristeza
- Melancolía
- Cambio de rutinas habituales
- Problemas para dormir
- Falta o aumento del apetito
- Rendimiento escolar bajo
- Ausencias escolares
- Incumplimiento de las tareas
- Comportamientos peligrosos (hurto en las tiendas, conducir a alta velocidad, actividad sexual irresponsable, etc.)

Los adolescentes también pueden sufrir el trastorno de ansiedad generalizada (GAD por sus siglas en inglés). Este trastorno se caracteriza por una excesiva preocupación y miedo sin causa aparente. Muchas veces, los adolescentes se preocupan exageradamente por la aceptación social, por el futuro, por conflictos familiares, por sus capacidades personales y/o el rendimiento escolar, entre otras cosas. Los síntomas son:

- Preocupación y miedo irreal
- Miedo a perder la seguridad personal y la de sus padres

- Miedo a ir a la escuela
- Dolores musculares
- Perturbación del sueño
- Incapacidad de dormir fuera de su casa
- Sensación de no poder tragar, nudo en la garganta
- Fatiga
- Irritabilidad
- Incapacidad de concentrarse

Cuando las preocupaciones y los miedos exagerados van aumentando cada vez más, aparecen otras sintomatologías que pueden limitar la vida del adolescente. A esto se lo llama trastorno de pánico. Los síntomas son, entre otros:

- Mareos
- Dolor en el pecho
- Miedo a perder el control
- Miedo a morirse
- Sensación de ahogo
- Disociación
- Náuseas
- Dolor abdominal
- Palpitaciones
- Hormigueo en la cara, las manos y los pies

- Dificultad para respirar
- Sudoración fría
- Temblor

Cuando los adolescentes tienen estos tipos de trastornos son más vulnerables a las adicciones como el alcohol, el *cannabis* (marihuana), el tabaco y las drogas sintéticas.

Como he mencionado, algunos de estos trastornos pueden ser causados por alteraciones neurológicas, psiquiátricas, psicológicas, genéticas, emocionales, por intoxicación de sustancias o exposición a metales, etc.

¿Cuál es la importancia de tener esta información? La posibilidad de cambiar «la historia de vida de nuestros hijos y la nuestra». Cuando detectamos algunas de estas conductas, ahora podemos determinar que nuestro hijo requiere un compromiso mayor de nosotros, como padres, que trasciende lo económico, la educación académica, la tecnología, etc.

¡No tengan miedo! Los padres estamos en la vida de nuestros hijos para guiarlos, apoyarlos y contenerlos bajo su individual forma de ser, con sus capacidades y sus dificultades.

Hay cientos de posibilidades de abordar y tratar estos trastornos que he mencionado: terapias psicológicas, consejerías, tratamientos psiquiátricos, si así lo requieren.

Nos necesitan preparados. Por eso, en mi camino como mamá, aprendí que el cambio de mi hijo comenzó con mi propio cambio.

Observen a sus hijos. Si sienten que no tienen herramientas, búsquenlas. Tenemos a disposición la tecnología, a los médicos, psicólogos y psiquiatras, a los programas holísticos, los centros de ayuda, las comunidades religiosas, los clubes, el deporte. No debemos ni podemos mirar para otro costado, pensando que si no lo vemos, no existe el conflicto. Un adolescente difícil será un adulto con grandes vacíos emocionales, con limitaciones que no le permitirán socializarse adecuadamente. Será un adulto con grandes posibilidades de correr peligrosos riesgos, y lo peor, involucrar a otros.

Con una mano en el corazón

- A partir de esta información, ¿tu hijo presenta alguna de esas características?

Anótalas

- ¿Has tomado acción al respecto? ¿Qué has hecho?
- En caso de no haberlo hecho, ¿qué harías?
- ¿Conoces algún padre que esté pasando por situaciones similares? ¿Qué le dirías?

Como ya sabes, hay muchas formas de comunicarnos con nuestros hijos. No solo tenemos la palabra y el lenguaje corporal. También tenemos la energía, los pensamientos, las intenciones. La base de la física cuántica es que somos creadores de nuestra realidad.

Quiero compartir una experiencia personal:

En mi búsqueda de herramientas, llegó a mi vida el Dr. Marín, psicólogo y además experto en física cuántica.

En los momentos más críticos que tuve con mi hijo mayor fue donde, poco a poco, perdía toda esperanza de recuperarlo.

El Dr. Marín me enseñó que, así como «yo creaba la reacción con mi hijo», también podía crear la acción correcta que necesitaba mi hijo. Me propuso que visualizara una situación difícil, donde la conducta agresiva de mi hijo provocara una reacción agresiva en mí. Luego me pidió que abriera los ojos y, sin emoción, pensara cuál sería la acción adecuada para mi hijo, en esa situación en particular. Una vez que ya tenía la respuesta, me pidió que cerrara los ojos y que visualizara esa situación aplicando lo que había pensado. En la visualización, me pidió que sintiera en todo mi cuerpo y en todo mi sistema lo que estaba sucediendo. Me pidió que, al ejecutar la acción sobre mi hijo, observara cómo la recibía. Recuerdo que todo me parecía tan real que tenía la sensación de haberlo vivido. Observé a mi hijo y el cambio de expresión de su lenguaje corporal a medida que me dirigía a él con firmeza, seguridad, respeto y cariño. En mi visualización, yo creaba un final donde mi hijo, después de la acción, me abrazaba fuerte y me decía «te amo». El Dr. Marín me dijo que repitiera esta visualización durante 21 días —tiempo en el que el cerebro tarda en transformar una conducta en hábito—, en la mañana y en la noche. Con el transcurso de los días, se fueron presentando situaciones similares y, poco a poco, fui implementando una acción positiva en vez de una reacción. Al tiempo, para mi sorpresa, lo que yo había creado en mi mente lo viví como real. Después de establecer ciertos límites y dándole espacio a la reflexión, Juan —en vez de gritarme y desafiarme—, me miró, me abrazó y me dijo: «gracias por ser mi mamá, aunque nos peleamos… te amo».

Te propongo el mismo ejercicio. Para una situación que quieras cambiar. Para apoyar a tu hijo en aceptar ayuda psicológica si la requiere. Para ayudarlo a construir su autoestima. Utiliza tu imaginación y tu intuición. «Crea» una realidad donde tu hijo sea la mejor versión de sí mismo, donde puedas aceptarlo tal cual es, rompiendo toda expectativa.

Los seres humanos tenemos la capacidad de generar milagros. Para los que creen en Dios, puedo decirles que el cambio que se genera en nosotros le permite a Dios regalarnos ese deseo. Para los que creen en la energía divina del universo, cuanto más conectado con el ser estén, más se reflejará en la realidad.

Visualización para antes de dormir por la noche y al despertar por la mañana. Repítela por 21 días.

Pasos:

- Encuentra una posición cómoda y respira profundamente tres veces.
- Visualiza una situación o conflicto.
- Observa tu cuerpo, tu cara, tu voz, cómo late tu corazón.
- Observa cómo es la conducta de tu hijo (sus palabras, su postura, su cara, su respiración).
- Observa cómo esta situación o conflicto va encaminándose según tu reacción.
- Abre por un segundo los ojos y cuenta hasta cinco.
- Respira profundamente tres veces.
- Piensa si tuvieras la oportunidad de observarte, cuál sería la mejor acción que podrías ejecutar para esa situación o conflicto, sabiendo que esta le ayudará a tu hijo en su propio proceso.
- Cierra los ojos.
- Respira nuevamente tres veces seguidas de forma profunda.

- Visualiza en tu sistema aquello que has pensado. Construye esa situación o conflicto y ejecuta la acción saludable. Obsérvate tranquila, segura, dulce, firme. Fíjate cómo está la expresión de tu cara, tu cuerpo, tu respiración. Siente toda esta experiencia en tu sistema, escucha el tono de tus palabras y tu respiración.
- Observa a tu hijo. Mira cómo te va. Observa su lenguaje corporal. Escucha sus palabras.
- Ahora tienes toda la libertad de crear un final para esta situación o conflicto.

Aquí te dejo un espacio para que, si lo deseas, lo puedas escribir o memorizar.

También puedes crear una frase que te empodere a ti y a tu hijo.

Lugares donde puedes encontrar ayuda:

- Consulta médica, pediatras
- Consejería escolar
- Consejería para padres
- Psicólogos
- Psicopedagogos

- *Coaching*
- Centros de ayuda al tabaquismo, alcoholismo, adiciones
- Psiquiatras pediátricos
- Medicina holística, homeopatía, ayurveda, terapia de flores, aromaterapia, musicoterapia
- Centros de hipnosis clínica

Anota las respuestas:

MI CAMINO

Dentro de mis creencias no existía la posibilidad de que los hijos fueran maestros. Los maestros eran para mí individuos cultos, de avanzada edad y con alguna profesión que acreditara su conocimiento. Lamentable, pero real. Mi creencia fue tan pero tan limitada que, sin darme cuenta, viví mirando y experimentando la vida desde el lugar que conocía. Hoy lo llamamos «zona de confort».

Fue y sigue siendo un proceso tan pero tan profundo el que se generó a partir de buscar alternativas diferentes que me permitieran tener más opciones o caminos para llegar a mis hijos que esto se convirtió en mi propósito en la vida.

Quiero llevarles a todos los padres —en función o en intención futura— el mensaje del cambio.

La humanidad evoluciona. Los seres humanos que nacieron hace 20 o 25 años a la fecha y los que nacerán vienen evolucionados. Se diferencian de nosotros desde muchos aspectos. Requieren mayor compromiso del que quizás tenían nuestros padres con nosotros. Estos seres humanos vienen a romper con paradigmas, creencias y pensamientos que en nosotros están grabados a fuego. Son más libres, no aceptan fácilmente los paradigmas de la sociedad y cuestionan todo lo que viene del ego.

Nuestros hijos vienen más sabios y más conectados a su yo interior, por eso se resisten a nuestras expectativas para con ellos. En nuestra época era fácil ver estudiar a muchos jóvenes carreras por mandato de sus padres o por estatus.

Hoy la mayoría de los jóvenes busca su propio camino, y son difíciles de persuadir en relación con lo que quieren ser.

Cuando la adolescencia tocó a la puerta de mi primer hijo y se instaló en nuestra vida, mi mundo tuvo un giro de 180 grados.

Juan Manuel fue el primero que abrió las puertas de mi maternidad. Él fue el que le abrió a su vez el camino a sus hermanos, permitiéndome prepararme con más herramientas para ellos.

Juan, mi primer «maestro», fue quien me obligó a replantearme mis valores, mis creencias y puso a prueba mis capacidades.

Cada desafío que marcaba, me dejaba lista para afrontar los que se venían, con Sofía y, más tarde, con Mateo.

Mis hijos son mi tesoro, mi razón en esta vida. Ellos me entregaron mi propósito. A partir de ellos pude descubrir lo grande que soy, hasta dónde puedo llegar. Ser madre fue, y sigue siendo, la experiencia trascendente en mi vida.

Cada etapa en la vida es distinta. Ser mamá de un infante no es lo mismo que ser mamá de un adolescente y menos de un joven-adulto. La escuela de la vida es tan maravillosa que nos va poniendo en todos los lugares para experimentarlos. Fuimos hijos, somos padres, seremos abuelos. Confía en el proceso de la vida y permite que nuevas opciones lleguen a la tuya. Pretendo enseñarte a subir por una escalera donde te atrevas a mirar la vida desde otra perspectiva. Pretendo mostrarte otros lugares desde donde observar tu vida para que puedas apreciar que hay más opciones de las que ves.

Deseo, hasta mi muerte física, continuar aprendiendo y compartiendo mi experiencia como herramienta que ayude a otras personas.

En este libro quiero agradecer infinitamente la presencia de mis tres hijos en mi vida, a cada experiencia vivida y a las que quedan por vivir.

Gracias Juani, Sofi y Matu. Los amo desde el amor más puro que pueda sentir.

QUIÉN SOY

Mi nombre es Andrea Echeverría Sara. Nací en Buenos Aires, Argentina. Hace 21 años que vivo en Miami, Florida, Estados Unidos. El choque cultural fue la base que gestó algunos de los conflictos entre mis hijos. Estudié medicina en la Universidad de Buenos Aires, pero no terminé mi carrera. Me casé, fui mamá de Juan y, a los cuatro meses de su nacimiento, los tres nos vinimos a los Estados Unidos. En Miami nacieron Sofía y, más tarde, Mateo.

En busca de herramientas, comencé una terapia psicológica que me permitió moverme en diferentes ángulos y así cambiar estrategias que me sirvieron en la relación con mis hijos. En cuanto experimenté los resultados y me abrí con otras madres, me di cuenta de que todos los padres pasamos por situaciones similares.

Decidí estudiar *Life Coach*. Me gradué en la Academia de Coaching y Capacitación Americana. Más tarde me gradué de facilitadora en Programación Neurolingüística (*practitioner*) en la Academia Mens Vanila de Barcelona.

Recientemente, obtuve la maestría de Hipnosis Clínica.

Dicto talleres para padres y brindo conferencias. También asisto a padres en consultas privadas de *coaching e Hipnosis.*

Amo lo que hago y eso me hace inmensamente feliz. Sigo en busca de nuevas herramientas para abrir nuevas puertas de posibilidades.

LIBROS RECOMENDADOS

Quiero darles a conocer algunos libros que les ayudarán a reflexionar sobre sí mismos. Los cambios se generan dentro de uno mismo y se reflejan afuera. Esa es la gran premisa en este camino.

- *Silencio: Vivir en el espíritu*
  Julio Bevione
- *La vida en 5 minutos*
  Julio Bevione
- *Trampolines para la felicidad*
  Carlos Solari
- *Ancestrología: Sanando con los antepasados*
  Pedro Engel
- *Los cuatro acuerdos*
  Dr. Miguel Ruiz

BIBLIOGRAFÍA

Libros

- **_¿Cómo actuar con un adolescente difícil?_**
  Consejos para padres y profesionales
  Juan David Nasio

- **_La magia de la PNL_**
  Alejandro Cuellar

- **_Hipnosis: El camino secreto del yo_**
  Dr. Juan Carlos Naranjo Alcega

- **_Coaching con PNL_**
  Joseph O'Conor/Andrea Lages

- **_El test de la golosina: Cómo entender y manejar_**
  el autocontrol
  Walter Mischel

- **_La inteligencia emocional_**
  Daniel Goleman

- **Los 5 niveles del apego**
  Don Miguel Ruiz Jr.

- **The Nature of Physical Theory**
  Percy Bridgman

- **Estructuras de la mente: La teoría de las inteligencias múltiples**
  Howard Gardner

Sitios web

- http://healthcare.utah.edu/healthlibrary/ (trastorno de la ansiedad generalizada en adolescentes).
- https://www.nlm.nih.gov (US. National library of medicine).
- https://www.nih.gov (National Institutes of Health. / U.S Deparment of Health & Human Services).
- http://healthcare.utah.edu/healthlibrar (University of Utah. Health Care).
- http://www.jstor.org/journal/amerjpsyc (The American Journal of Psychology).

Printed in the United States
By Bookmasters